AUMENTA LAS VENTAS DE FORMA RADICAL EN TU RESTAURANTE

LOS "LIKES" NO LOS METES AL BANCO

Secretos comprobados para atraer
y retener mas clientes que nunca
en tu restaurante.

David González

Derechos reservados 2022 David Gonzalez

Todos los derechos reservados. Ninguna parte de este libro podrá reproducirse, distribuirse en ninguna forma, incluida fotocopias, grabaciones o medios electrónicos sin el previo permiso del autor.

Para solicitud de permiso por favor mandar email a david@astralresturants.com

Ebook ISBN: 9798847368551

Mas que atraer clientes de manera automática
Los mantenemos regresando de manera predecible
Todo el día todos los días

INTRODUCCIÓN: LA FORMULA SECRETA PARA VENDER MÁS

SECCIÓN 1: COMO ATRAER CLIENTES NUEVOS

Prospectos
    1.- Secretos para atraer clientes por Google
    2.- Como llegar a los primeros lugares en TripAdvisor
    3.- La mejor forma de generar clientes por Facebook
    4.- Como sacarle ventaja a tu competencia
    5.- Anuncios de Facebook efectivos para restaurantes
    6.- Instagram : El poder de las historias
    7.- La estrategia del Halo Effect
    8.- Como tener éxito en TIK TOK
    9.- Las fotografías que atraen más clientes a los restaurantes
    10.- Como llenar tu restaurante de cumpleañeros
    11.- La herramienta psicológica del efecto rebaño
    12.- Ofertas que verdaderamente funcionan
    13.- Beneficios de tener un Programa de Recompensas
    14.- El platillo estrella
    15.- Como diferenciarte de competencia de manera efectiva
    16.- El arma más poderosa de marketing para restaurantes
    17.- WEB generadora de clientes

SECCIÓN 2 : COMO RETENER MAS CLIENTES
    1.- Como generar una base de datos de forma sencilla
    2.- Como mandar emails a tus clientes para atraerlos a tu restaurante
    3.- Platillos para retener a los clientes todo el año
    4.- Como lidiar con clientes molestos

SECCIÓN 3 :COMO AUMENTAR LA CUENTA PROMEDIO
    1.- Las herramientas secretas para aumentar la cuenta promedio
    2.- Como contratar a los mejores meseros
    3.- Como hacer un menú psicológico que aumente las ventas
    4.- Marketing dentro de tu restaurante

    5.- La táctica del menú de temporada

SECCIÓN 4 : CASOS DE ÉXITO
    1.- Starbucks
    2.- McDonalds vs Burger King
    3.- KFC
    4.- Dominos Pizza
    5.- Bolas de Arroz
Conclusión
Sobre el Autor

INTRODUCCIÓN

LA FORMULA SECRETA

"Lo que no se define no se puede medir. Lo que no se mide no se puede mejorar. Lo que no se mejora, se degrada siempre".

- William Thomson Kelvin

La palabra fórmula según la real academia de la lengua significa: medio práctico que se propone para resolver una cuestión controvertida o ejecutar algo difícil.

De eso se trata precisamente este libro, de lo que para muchos sería algo difícil de ejecutar, en este libro te descifraré la fórmula de cómo aumentar las ventas con herramientas comprobadas para atraer y retener clientes de una manera exitosa y tener un restaurante fructífero.

Las ventas son el alma de cualquier negocio, y sin embargo muchos negocios luchan por aumentarlas. ¿A qué se debe esto? En este libro, exploraremos las razones por las que las ventas pueden estar rezagadas y lo que puedes hacer para cambiar eso.

También veremos algunas tácticas y estrategias específicas que pueden ayudarte a aumentar las ventas. Cuando termines de leer, tendrás un plan claro para aumentar las ventas en tu negocio.

Para muchos restaurantes pareciera sencillo el atraer y retener clientes, para otros pareciera no tan sencillo, de hecho podría resultar una pesadilla.

Esta formula esta diseñada para todo tipo de restaurantes, desde restaurantes que están iniciando hasta restaurantes que llevan bastante tiempo en el mercado.

Tras años de pruebas y errores, he creado por fin la fórmula perfecta para hacer que un restaurante atraiga y retenga clientes con éxito. La fórmula es el destilado de mi experiencia, cientos de pruebas e inversión de cientos de miles de dólares trabajando con cientos de restaurantes.

Siguiendo esta fórmula, puedes estar seguro de que tu restaurante tendrá un éxito al momento de aspirar conseguir más clientes y retenerlos. El primer paso es encontrar la ubicación perfecta. Este es quizás el factor más importante para determinar el éxito de tu restaurante. El segundo paso es crear un menú que atraiga a tu mercado objetivo. Esto significa ofrecer una variedad de artículos que sean deliciosos y a la vez tengan un precio razonable. El tercer paso es contratar a un personal amable y profesional. Tu personal debe ser capaz de ofrecer un servicio al cliente excepcional y hacer que sus clientes se sientan bienvenidos.

Te contare una historia divertida antes de comenzar: Un profesor de marketing preguntó a sus alumnos: "Si fueras a abrir un puesto hotdogs y solo pudieras tener una ventaja sobre tus competidores. . . cúal seria . . ?" "¡Ubicación! ….¡Calidad! …. ¡Precios bajos! ….¡El mejor sabor!" Los estudiantes continuaron hasta que finalmente se quedaron sin respuestas. Se miraron esperando que el profesor hablara. La habitación finalmente quedó en silencio. El profesor sonrió y respondió: "Una multitud hambrienta". Podrías tener los peores hotdogs, precios terribles y estar en una ubicación terrible, pero si eres el único puesto de hotdogs en la ciudad y estalla el partido de fútbol universitario local, vas a vender como un loco. Ese es el valor de una multitud hambrienta.

Esta pequeña historia tiene una moraleja increíble vista desde varios ángulos, para mi la moraleja más importante es que debes de tener algo único que te diferencie de los demás restaurantes, esto hará que esta multitud hambrienta te encuentre, más adelante hablaremos de las formas en las cuales puedes sobresalir.

Sin embargo este no es un libro de motivación o de como comenzar un negocio de restaurante, siempre he dicho que la motivación no sirve de nada si no tienes las herramientas y el enfoque de *como* hacer las cosas, al final tanto el restaurantero exitoso y el restaurantero no exitoso ambos tienen motivación, la diferencia radica en como hacen las cosas, y eso es precisamente de lo que hablaremos en este libro, cómo hacer las cosas para que tu restaurante venda más.

Cuando vi la necesidad de centrarme en resolver los problemas del sector restaurantero, me di cuenta de que la mayoría de los restaurantes no saben cómo atraer o retener a los clientes de forma efectiva y medible.

Hoy en día, ya no se trata solo de servir buena comida o dar un buen servicio. El mundo ha cambiado, y si no evolucionas con él, no sobrevivirás. Los restaurantes tienen que encontrar la manera de destacar entre la multitud y dar a los clientes lo que quieren. Tienen que ser algo más que un lugar para comer; tienen que ser una experiencia. Y eso se empieza por conocer a tu público y lo que quiere. Solo entonces podrás crear un restaurante que atraiga y retenga a los clientes.

Partiendo de la mentalidad de evolucionar, te compartiré algunos conceptos que tal vez no hayas escuchado antes.

Uno de los mayores problemas en los restaurantes actualmente es que no miden lo que es esencial; medir es importante para saber si el negocio esta creciendo o esta muriendo.

En el negocio restaurantero, sólo hay dos escenarios: el escenario en el que tu negocio crece o en el que tu negocio muere. No existe un escenario en el que tu negocio se "mantenga" porque ese escenario es imposible.

Los restaurantes deben estar siempre en crecimiento para sobrevivir. Esto se debe a que los restaurantes dependen de la repetición de los clientes. Si un restaurante no crece, está perdiendo clientes y acabará quebrando. La única manera de hacer que los clientes vuelvan es ofrecer constantemente experiencias nuevas y emocionantes. Esto puede ser cualquier cosa, desde nuevos elementos del menú hasta un cambio en la decoración. Un restaurante que no crece está estancado, y un restaurante estancado no sobrevivirá.

Para los restaurantes, la inflación y el crecimiento del mercado son consideraciones importantes cuando se trata del crecimiento. La inflación puede afectar a los restaurantes, ya que los precios de los alimentos y otros suministros aumentan. El crecimiento del mercado, en cambio, puede ayudar a los restaurantes a expandirse y llegar a nuevos clientes. Para mantenerse por delante de la competencia, los restaurantes deben ser conscientes tanto de la inflación como del crecimiento del mercado. Al supervisar estas tendencias, los restaurantes pueden ajustar sus precios y operaciones en consecuencia. Al hacerlo, pueden asegurarse de que son capaces de mantener tu rentabilidad a pesar de estos desafíos.

La inflación actualmente dependiendo la fecha y tu país ronda entre el 7% y 8.5%.

En cambio el crecimiento del mercado o en otras palabras el crecimiento de nuevos competidores esta en el 9% e incrementando todos los años.

La suma de estos porcentajes nos da un 16%, entonces cada año necesitamos estar creciendo un 20% anual mínimo para estar creciendo un 4% y no estar muriendo, ahora puedes ver como el "mantenerse" no existe y por lo tanto imposible.

Pero, ¿qué significa crecer? hay un concepto erróneo al pensar que vender más es igual a crecer, las ventas son el efecto, pero no la causa.

La causa del crecimiento son estas 3 sencillas cosas:

1.- Incrementar el numero de clientes nuevos.

2.- Incrementar la retención de estos clientes.

3.- Incrementar lo que gastan estos clientes por visita.

Estas cosas parecen sencillas, pero no lo son si es que no sabes como llevarlas acabo y mas que nada medirlas, pero más adelante en los siguientes capítulos te daré algunas estrategias.

Después de analizar miles de restaurantes tanto exitosos y fracasados, comienzas a ver patrones todo el tiempo, tanto en éxito como en el fracaso, la diferencias entre el restaurante exitoso y el restaurante en decadencia, nos revela una formula.

Cuando me encontraba trabajando como ingeniero, fui seleccionado para un entrenamiento en una planta de la compañía FORD MOTOR COMPANY.

El nombre del entrenamiento o metodología era: La metodología Shainin, en esta metodología donde básicamente te enseñan que para poder encontrar las fallas entre una maquina y otra debes de buscar las diferencias. De esa manera puedes llegar a una formula para poder solucionar los problemas en un futuro.

Veo a los restaurantes exitosos y restaurantes fracasados de la misma manera, como si fueran 2 maquinas, en las cuales encontrando las diferencias se encuentra la formula del éxito.

Encontrando las diferencias entre un restaurante exitoso y un restaurante fracasado podemos encontrar una secuencia de acciones que nos puede llevar al éxito.

Los restaurantes siempre han sido una opción popular para las personas que buscan una buena comida. Sin embargo, en los últimos años, el sector de la restauración ha experimentado algunos cambios. Con la llegada de la era digital, los restaurantes han tenido que adaptarse a las nuevas tecnologías y a las exigencias de una clientela más exigente. Por ello, ahora los restaurantes tienen que ofrecer algo más que buena comida, servicio y ambiente. También tienen que ser capaces de promocionarse con eficacia y ofrecer una experiencia global que sea única y memorable. Con tantos restaurantes compitiendo por la atención, los que puedan destacar entre la multitud tendrán más probabilidades de éxito.

Panorama Actual

Restaurante
promedio

Restaurante
Muy exitoso

Diferencias

Comida, servicio y atmósfera
Presencia en redes sociales (publico enganchado con tu marca)
Tiempo en el mercado
Numero de ubicaciones
Inversión en anuncios
Fotografía de alimentos
Ranking en Google Maps
Ranking en TripAdvisor
Bases de datos
Automatizaciones
Email Marketing
Programa de recompensas
Canales de ventas
Canales de comunicación
Platillo Estrella
Platillos de temporada
Comunicación constante con tus clientes

Como veras en el pasado solo requerías de tener 3 factores para llevar tu restaurante a ser exitoso, pero en el panorama actual se requieren de muchas otras cosas.

Al final el éxito o fracaso es solo un receta que nos hemos encargado de redactar para ti, solo tienes que seguir la receta y obtendrás el resultado.

Para comenzar con este asunto te presento los 3 preguntas:

1.- ¿Cómo atraigo nuevos clientes?

2.- ¿Cómo los retengo?

3.- ¿Cómo hago que mis clientes actuales consuman más en mi restaurante?

En base ha estas preguntas, se desarrollan muchas otras preguntas que deberías estarte preguntando.

1.- ¿Por qué las personas visitaran mi negocio?

2.- ¿Solo la calidad y el servicio atraerán nuevos clientes o influyen otros factores?

3.- ¿Representan estas cualidades un verdadero diferenciador para que la gente tome la decisión de venir a mi restaurante o hay otros factores?

4.- ¿Cómo mides numéricamente la calidad en tus alimentos o servicios?

Podemos continuar con 1000 y mas preguntas, pero no te preocupes si continuas leyendo vamos a ir resolviendo cada una de ellas.

Puntos clave:

- Solo existen 2 escenarios o estas creciendo o estas muriendo.
- Las ventas son el efecto no la causa.
- Las 3 formas de crecer, atraer nuevos clientes, retener clientes actuales e incrementar la cuenta promedio.

Cuando buscamos aumentar las ventas (el efecto) sin atacar la causa que es la atracción, la retención de clientes y el aumento de la cuenta promedio, nunca lo vamos a lograr. Enfocate en la causa y el efecto vendrá por consecuencia.

Así que ¡Comencemos!

1

COMO ATRAER CLIENTES NUEVOS

"Lo que no se define no se puede medir. Lo que no se mide no se puede mejorar. Lo que no se mejora, se degrada siempre".

- William Thomson Kelvin

La formula del crecimiento exponencial por Astral Restaurant Systems

Para comenzar analicemos la formula, si te fijas la primera parte del embudo es donde se generan los prospectos, después convertimos estos prospectos en visitas o clientes nuevos, después aumentamos la cuenta promedio, y por ultimo creamos recurrencia en los clientes.

Para que cualquier negocio tenga éxito, es necesario tener un plan. Esto es especialmente cierto en el caso de los restaurantes, que requieren una gran inversión inicial y gastos continuos. Sin un plan, sería difícil medir el progreso o predecir cómo crecerá el negocio. Afortunadamente, hay muchos recursos disponibles para ayudar a los restaurantes a desarrollar un plan. Existen programas de software que permiten hacer un seguimiento de las ventas y los gastos, así como herramientas en línea que pueden ayudar con el marketing y la publicidad. Además, hay consultores especializados en ayudar a los restaurantes a desarrollar y aplicar una estrategia de crecimiento. Si te tomas el tiempo necesario para desarrollar un plan, tu restaurante puede asegurarse de que están aprovechando al máximo sus oportunidades de crecimiento.

Y como digo Seneca: "No hay ningún viento favorable para aquel que no sabe a dónde va".

Esta formula la hemos implementado en cientos de restaurantes y siempre funciona, lo importante es poder medir cada una de las partes del embudo para saber dónde debemos de enfocar nuestra atención para no estancar nuestro negocio.

Cada parte de la formula contiene elementos dentro y analizaremos cada una de ellas por dentro, al final la sumatoria de todos lo que se haga nos dará el resultado satisfactorio que buscamos: Mas ventas.

Prospectos

Un prospecto se genera cuando un cliente potencial muestra interés por un producto o servicio. Las visitas sólo se generan cuando ya existe cierto interés por parte del cliente potencial. Para generar nuevos clientes o visitas, tu restaurante necesita primero generar clientes potenciales. Esto puede hacerse de varias maneras, como por ejemplo mediante la publicidad, el boca a boca o la oferta de descuentos. Una vez que se ha generado un contacto, los restaurantes pueden intentar convertirlo en una visita proporcionando más información sobre la comida, el servicio y la atmósfera.

Los restaurantes también pueden ofrecer incentivos, como cupones o descuentos, para animar a los clientes potenciales a visitar el restaurante. Al generar clientes potenciales y convertirlos en visitas, los restaurantes pueden aumentar su base de clientes y asegurarse de tener un flujo de negocio constante.

Secretos para atraer clientes por Google

Google es una de las entradas más importantes de tus clientes a tu restaurante. Cada día, más personas utilizan Google para encontrar restaurantes que cualquier otra fuente. Y cuando buscan restaurantes, los resultados que aparecen en la primera página de Google son los que tienen más probabilidades de recibir clics.

Por eso es tan importante que los restaurantes se aseguren de estar bien posicionados en los resultados de búsqueda de Google. Los restaurantes pueden hacer varias cosas para mejorar tu posición en Google, como optimizar tu sitio web para los motores de búsqueda, mejorar el ranking en Google Maps, crear contenido atractivo y crear vínculos de retroceso.

Sin embargo, lo más importante que pueden hacer los restaurantes es asegurarse de que tu perfil en Google sea preciso y esté actualizado. Esto incluye asegurarse de que el nombre, la dirección y el número de teléfono del restaurante son correctos, así como añadir descripciones, fotos y vídeos. Al tomar estas medidas, los restaurantes pueden asegurarse de que aparecen frente a los clientes potenciales cuando buscan lugares para comer.

1. Google Is the Most Visited Website

Google es el sitio web más visitado del mundo, casi 90 billones de personas entraron a la plataforma solo el mes pasado.

La gente busca de todo en google, boletos de avión, servicios de imprenta, pero una de las búsquedas más realizadas es *"Restaurantes cerca de mi"*.

Tal vez no te hayas puesto analizar esto, pero cuando la gente tiene hambre lo primero que hace es abrir google para buscar restaurantes cerca.

Pregúntate lo siguiente:

¿Qué puntaje tiene mi restaurante en google maps?

¿Cuántas reseñas hacen mis clientes por mes?

¿Cuántas de estas reseñas son positivas?

¿Tome acciones necesarias para resolver los comentarios negativos que dejaron mis clientes?

Te comento como funciona el algoritmo de google y que factores que influyen para que tengas un buen posicionamiento en google y por lo tanto mas prospectos te vean:

- Numero de reseñas por día
- Numero de reseñas con fotografías
- Numero de reseñas positivas
- Numero de reseñas que contestas a tus clientes

Dependiendo que todo esto de arriba se cumpla, google te mostrara o no te mostrara.

Cuando buscas en Google "buenos restaurantes cerca de mí", probablemente estés buscando una lista de restaurantes con críticas positivas. Lo que quizá no sepas es que detrás de esta simple consulta de búsqueda hay un complejo algoritmo que tiene en cuenta una serie de factores para ofrecerte los resultados más relevantes. Los algoritmos de Google evolucionan constantemente, pero una cosa permanece constante: el motor de búsqueda está interesado en ofrecer a sus usuarios la mejor experiencia posible. Eso significa proporcionar información precisa y actualizada sobre los restaurantes, para que puedas encontrar un buen lugar para comer sin ninguna molestia. En otras palabras, cuando utilices Google para buscar un restaurante, puedes estar seguro de qué obtendrás resultados fiables.

Puede que seas un excelente restaurante, pero si no alimentas la plataforma de google por lo tanto esta no te mostrara.

A lo que me refiero es que todo influye, puede que tengas 5 estrellas como puntuación, pero eso no importara si solo 2 personas te han dado una reseña el ultimo mes, google pensara que tu restaurante no es tan bueno debido a la baja frecuencia de reseñas por mes.

Todo lo que te mencione en la parte de arriba importa.

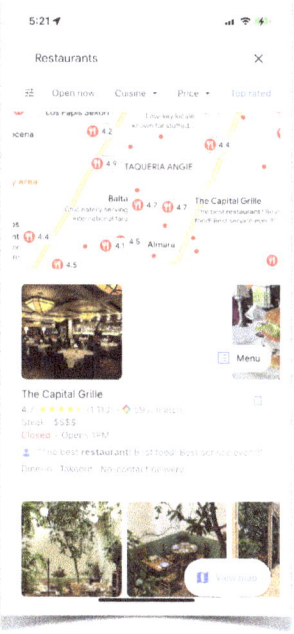

Te invito a que abras tu teléfono y pongas restaurantes en Google Maps, encuentra tu restaurante y compara la puntuación que tienes con respecto a tu competencia.

La gente va a tomar una decisión, y muy probablemente la tomara con respecto a cuál restaurante tiene el mejor puntaje y se muestre al principio de la búsqueda.

Muy bien, ahora que ya sabemos por qué es importante estar presente en Google Maps, tenemos que aumentar nuestro ranking y más que nada mantenerlo.

Tal vez no podamos evitar que algunas personas nos dejen un comentario negativo, pero sí podemos incentivar que mas personas nos dejen un comentario positivo en nuestro restaurante.

Entonces hay varias maneras de incrementar el ranking y mantenerlo, te comparto algunas formas en la siguiente pagina.

Secreto No.1

Nos apoyaremos con nuestros meseros y equipo de trabajo, sabemos de antemano que la mayoría de las personas hace mejor las cosas si es que hay algún incentivo.

Entonces esto ha funcionado en varios restaurantes con los que hemos trabajado, alentando a los meseros que inciten a sus clientes a dejar un comentario positivo en Google y que pongan tu nombre (nombre del mesero) en la reseña, de esta manera al final del mes pudieras premiar al que obtuvo mas reseñas positivas, esto crea competencia y ademas incentiva a un mejor servicio.

Te muestro un ejemplo con uno de nuestros clientes debajo:

Ejemplo de reseña real con esta estrategia

Como verás en el comentario de arriba menciona a Alex el mesero.

Hazlo fácil para los meseros y crea un discurso para que ellos lo digan al entregar la cuenta, algo así como:

"Fue un placer haberlos atendido el día de hoy, me gustaría invitarlos a que si tuvieron un excelente servicio el día de hoy nos busquen en google y nos dejen una bonita reseña con mi nombre de ser posible, mi nombre es Daniel y ha sido un placer atenderlos el día de hoy"

Pudieras premiarlos financieramente con algún bono o alguna tarjeta de regalo, entradas al cine, etc.

Al final créeme esta inversión valdrá infinitamente la pena, este es un ejemplo de una reseña hecha en un restaurante cliente de .

Secreto No. 2

Como propietario de un restaurante, una de las mejores maneras de garantizar que tu negocio prospere es animar a los clientes a dejar opiniones. Las reseñas pueden proporcionar valiosos comentarios que pueden ayudarle a mejorar tu menú y tu servicio. Además, también pueden atraer a nuevos clientes y crear un ambiente de boca a boca. Una forma de incentivar a los clientes para que dejen sus opiniones es ofrecerles una cortesía, como un café o un postre gratis.

Esto demostrará a sus clientes que valora tu opinión y aprecia sus comentarios. Sin embargo, es importante mencionar que sólo busca una reseña, no una crítica positiva o negativa. Así se asegurará de que sus reseñas sean honestas y útiles. En última instancia, al ofrecer un beneficio por dejar una reseña, puede animar a los clientes a proporcionar comentarios valiosos que pueden ayudar a que tu negocio crezca.

Secreto No. 3

En Astral Restaurant Systems desarrollamos un software que con un código QR colocado en las mesas el cliente deja una reseña en nuestro sistema primero, una vez que el cliente deja la reseña, podemos filtrar y redirigir solo las reseñas positivas a Google, los restaurantes que usen nuestro software pueden tener menos preocupaciones por recibir retroalimentación negativa de los clientes porque con nuestro sistema podrán saber lo que sus clientes piensan de tu servicio, comida y ambiente. las reseñas positivas en Google atraerán nuevos clientes mientras mantienen los actuales, así es como Astral Restaurant Systems puede ayudarle a llevar tu negocio al siguiente nivel.

Además de ser una valiosa herramienta de retroalimentación para los clientes, las reseñas en línea también pueden proporcionar información valiosa para los propietarios de restaurantes. Al agregar las opiniones de múltiples fuentes en una sola plataforma, los propietarios de los restaurantes pueden obtener una visión en tiempo real de cómo perciben los clientes tu calidad. También pueden ver cómo surgen patrones a lo largo del tiempo, como las caídas repentinas de la calidad que podrían ser indicativas de un problema en la cocina o en la sala. En resumen, las reseñas en línea pueden ser una poderosa herramienta para que los propietarios de restaurantes hagan un seguimiento y mejoren tu calidad.

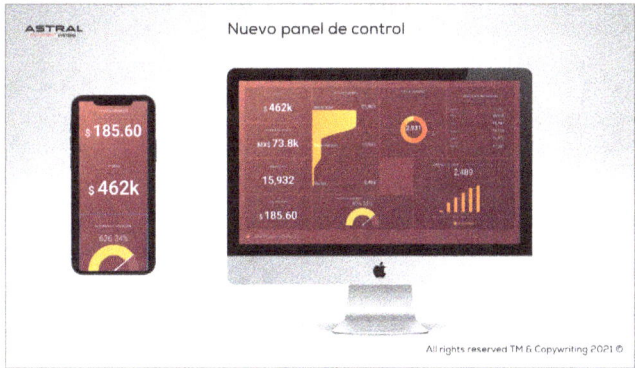

En caso de que te gustaría saber más acerca de este sistema, agenda una asesoría gratuita en www.astralrestaurants.com

¡Pero espera! Aún no hemos terminado con Google, esto que viste arriba es la forma de aumentar los rankings por lo que aumentaremos los prospectos, pero estos prospectos aún no los convertimos en clientes nuevos, ellos solo te vieron en Google pero aún no llegan a tu restaurante.

Puede que todo este bien pero hay que analizar cuál es la ruta del cliente para que una vez que te de vea en Google entre por las puertas de tu restaurante.

A continuación te muestro un diagrama que desarrollamos para entender recorrido del cliente desde que te ve en google maps hasta que llega a tu restaurante.

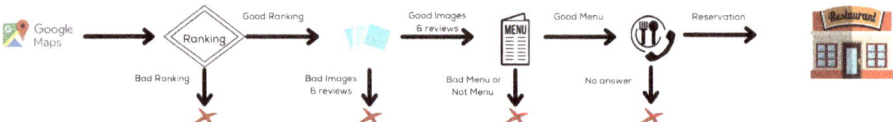

Consejos adicionales

1.- Un error, que puede parecer poco común, es que tenga la ubicación de tu restaurante en el lugar equivocado. Esto nos ocurrió recientemente con uno de nuestros clientes. Seis meses después de abrir sus puertas, se dieron cuenta de que tenían la ubicación equivocada en Google Maps. El problema era que tu dirección aparecía como una calle diferente a la que tu restaurante estaba realmente. Como resultado, los clientes potenciales eran dirigidos al lugar equivocado, y el restaurante estaba perdiendo negocio. Afortunadamente, el problema se rectificó rápidamente actualizando la lista en Google Maps. Sin embargo, sirve como recordatorio de que incluso algo tan simple como una dirección incorrecta puede tener un impacto significativo en un negocio. Por lo tanto, es importante volver a comprobar toda la información antes de abrir las puertas para evitar posibles problemas.

2.- Sí eres propietario de un restaurante, es importante tener fotos de alta calidad en Google Maps. Esto garantizará que los clientes potenciales puedan ver tu establecimiento de la mejor manera posible. Las fotos de mala calidad hacen que tu restaurante parezca poco profesional y podrían disuadir a los clientes de cenar en tu restaurante. Afortunadamente, es fácil mejorar la calidad de las fotos. Sólo tiene que abrir Google Maps y echar un vistazo a las fotos que ha publicado. Si alguna de ellas es de mala calidad, simplemente elimínala y sube nuevas fotos de alta resolución en tu lugar. Con mejores fotos, seguro que atraes a más clientes a tu restaurante.

3.- El menú de un restaurante es uno de sus puntos de venta más importantes. Al fin y al cabo, es la principal forma en que los clientes se enteran de la comida que ofrece un restaurante. En la era de Internet, los clientes potenciales suelen recurrir a Google antes de tomar una decisión sobre dónde comer. Por ello, es esencial que los restaurantes se aseguren de que sus menús son fáciles de encontrar en línea. Hay varias formas de hacerlo. En primer lugar, los restaurantes pueden crear un sitio web y publicar allí sus menús. En segundo lugar, pueden incluir sus menús en directorios online populares como Yelp, Tripadvisor, Google Maps. Por último, pueden utilizar plataformas de redes sociales como Facebook o Twitter para que los clientes potenciales sepan qué hay en el menú. Al asegurarse de que sus menús son fáciles de encontrar en Internet, los restaurantes pueden atraer a nuevos clientes y aumentar sus posibilidades de éxito.

4.- En el negocio de restaurantes, cada llamada es importante. Nunca se sabe cuándo un cliente potencial puede estar intentando contactar con tu restaurante. Si no contestas al teléfono, podría estar perdiendo clientes. Por eso es importante responder a todas las llamadas que se reciban.

A veces, puede ser mejor tener un número de WhatsApp para poder atender a varios clientes al mismo tiempo. De esta manera, no perderás ninguna llamada y podrás dar un servicio rápido a tus clientes. Si atiendes todas las llamadas y proporcionas un servicio excelente, ¡te asegurarás de que tu restaurante esté siempre ocupado!

Como llegar a los primeros lugares en TripAdvisor

A medida que el mundo está cada vez más interconectado, los restaurantes se dan cuenta de que necesitan estar presentes en múltiples plataformas online para llegar a tu público objetivo. En el caso de los restaurantes, esto significa estar activos tanto en Google como en Tripadvisor. Mientras que Google suele ser el primer puerto de escala para las personas que buscan un lugar para comer, Tripadvisor es cada vez más popular, especialmente entre los turistas que no están familiarizados con la zona.

Esto se debe a que Tripadvisor ofrece una manera fácil de encontrar restaurantes que han sido calificados y revisados por otros usuarios. Por ello, los restaurantes que están activos tanto en Google como en Tripadvisor tienen más probabilidades de atraer a nuevos clientes y generar un boca a boca positivo.

Te platicare una historia de éxito que tuvimos en Playa del Carmen con uno de mis clientes.

La pandemia de COVID-19 ha sido dura para todo el mundo, pero ha golpeado especialmente al sector de la hostelería. En Playa del Carmen, un popular destino turístico de México, miles de restaurantes se han visto obligados a cerrar sus puertas. Sin embargo, unos meses después de que la pandemia comenzó a disminuir, me sorprendió ver qué la ciudad estaba llena de nuevos restaurantes. La competencia entre estos negocios era feroz, y muchos estaban luchando por sobrevivir.

Lo que me llamo más la atención era que a pesar de la gran afluencia turística y que todos los restaurantes se encontraban uno enseguida de otro, había restaurantes completamente llenos y otros completamente vacíos, por lo cual me di cuenta de que en realidad la ubicación ya no era un ventaja competitiva entre ellos, he escuchado a varios de mis clientes que piensan que no les va tan bien debido a que no tienen una buena ubicación.

Pero, entonces…¿Cuál era la diferencia entre un restaurante lleno y otro vacío? ¿Por qué un restaurante estaba lleno y el otro vacío a pesar de estar en la misma sección de la ciudad?

En mi visita a estos restaurantes decidí probar tanto el restaurante que estaba completamente lleno así como el restaurante que se encontraba completamente vacío para saber si había alguna diferencia importante entre tu servicio, entre tu comida, entre tu iluminación, en fin todas las posibles diferencias para saber si existía un factor X el cual definiera el éxito del fracaso entre ellos.

Lo interesante es de que no encontré ninguna diferencia importante entre ellos, la comida era excelente en ambos, el servicio igual, etc.

Pero qué sorpresa cuando me di cuenta que si había una ventaja, y esa ventaja competitiva no se encontraba físicamente, si no se encontraba digitalmente.

Los restaurantes que se encontraban llenos, estaban entre las posiciones 1-10 en TripAdvisor, después de analizarlo bien me di cuenta que esto tenía sentido totalmente.

Imagina que vas de vacaciones a algún lugar, o inclusive vas a algún lugar que no sea el lugar donde tu vives, tienes pocos días para recorrer la ciudad y no conoces a nadie que te indique los mejores lugares para ir a comer.

Lo primero que harás es buscar en google "Los mejores desayunos de Cancún" y adivina que te va aparecer en tu búsqueda, así es... Google y después: TRIPADVISOR.

Cuando entras a tu plataforma veras que te aparece una lista de los "10 mejores restaurantes" en la ciudad.

El extranjero observara esta lista y tomara una decisión a dónde ir a comer, y solamente se fijara en los primero lugares para ir a comer, ¿Por qué? Porque solo quieres invertir tu tiempo y dinero en los lugares mejor recomendados.

Entonces en resumidas cuentas, tu única meta para que tu restaurante tenga acceso a los beneficios de esta plataforma será encontrarte entre los primeros 10 lugares de tu ciudad.

Esta teoría la verifique cuando platicando con uno de los dueños de restaurantes, que por cierto este restaurante se encontraba vacío cuando me encontraba desayunando en el, me comento que hacia un par de años él había estado en la posición numero 1 en TripAdvisor y que nunca había tenido tantos clientes como en aquella epoca.

También me comento que es difícil llegar a la posición numero 1 pero lo mas difícil era mantenerse en esta posición debido al crecimiento del mercado y de competencia constante con restaurantes nuevos.

Bueno ya sabes ahora la importancia de encontrarte en esta plataforma y también sabes cuál debería ser tu prioridad si es que deseas sacarle provecho.

Este restaurante de estar en el lugar 134 lo llevamos al No. 1 en un par de meses, siendo hoy septiembre del 2022 aun continua siendo No. 1 en Brunch.

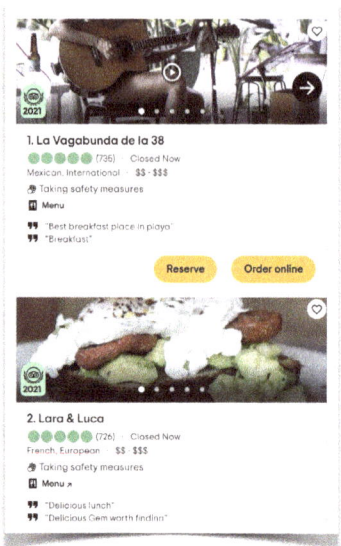

Por ultimo te revelare otra forma de aumentar el ranking en esta plataforma, puedes usar las mismas formas que utilizamos en Google, sin embargo si quieres que este proceso sea aun más fácil para el cliente aplica lo siguiente.

Crea un código QR como el de aquí debajo y compártelo con tus meseros para que lo muestren a tus comensales al terminar sus alimentos:

Si escaneas este código te darás cuenta que te lleva directamente a dejar una reseña en Tripadvisor de este restaurante "Supreme Burger".

BONO: Si quieres que te hagamos un código de tu restaurante de manera gratuita, mándanos un email a hello@astralrestaurants.com con el link de tu restaurante en Tripadvisor y con gusto te mandamos tu QR sin costo alguno.

La mejor forma de generar clientes por Facebook

Aunque muchos piensan que esta plataforma ya paso de moda y que lo de ahora es Instagram, TIKTOK, etc.

Dato importante: La palabra mas buscada en Google es Facebook

Déjame te comento que Facebook es la plataforma que le he generado mas clientes a mis clientes mas que ninguna otra plataforma, a parte de que contiene el mayor numero de personas en el mundo, también facebook te da muchísimas herramientas que estoy seguro no estas utilizando para atraer nuevos comensales a tu restaurante.

<u>Herramienta de Reseñas</u>

¿Por qué son importantes la reseñas en Facebook?

Porque esta funciona como una herramienta de recomendación de boca en boca, pero de forma digital, déjame explico cómo y porque.

Cuando se trata de restaurantes, el boca a boca sigue siendo una de las mejores formas de generar nuevos clientes. Y en la era de las redes sociales, ese boca a boca puede extenderse aún más y más rápido gracias a plataformas como Facebook.

Una reseña positiva en Facebook puede llegar no sólo a los amigos y familiares más cercanos del cliente, sino también a tu red de contactos, y a los clientes potenciales de tu restaurante.

Los estudios han demostrado que cuando alguien hace una crítica en Facebook, al menos el 5-10% de sus amigos la verán. Puede que no parezca mucho, pero si una persona tiene 500 amigos, son 25 personas las que conocen tu restaurante. Y si incluso una parte de esas personas está interesada en probarlo, eso no deja de ser un nuevo negocio para ti. Así que si quieres atraer a nuevos clientes, anima a tus comensales satisfechos a dejar una reseña en tu página de Facebook: puede que sea la mejor (y más rentable) estrategia de marketing que hayas probado.

Sabemos que no hay mejor recomendación que la de una persona que conocemos, así que esta herramienta podría ser tu mejor amiga o tu peor enemiga.

Además el ranking que tengas ayudara como prueba social, ya que si alguien encuentra tu restaurante en facebook, después de que entren a tu pagina, tu puntuación en reseñas será de las primeras cosas que verán.

Es importante que los restaurantes recuerden que no todos los clientes van a tener una experiencia perfecta: siempre habrá alguna crítica negativa. Es importante no tomárselas como algo personal, ya que pueden no tener nada que ver con el restaurante en sí. Sin embargo, aunque el cliente se muestre agresivo, es importante mantener la calma y responder de forma amable. Esto demuestra que el restaurante es profesional y está dispuesto a escuchar los comentarios, aunque sean negativos. Respondiendo así, los restaurantes pueden convertir una situación negativa en una positiva.

Ningún negocio es perfecto, e incluso los restaurantes más populares recibirán una crítica negativa de vez en cuando. Es importante recordar que no todos los clientes van a tener la misma experiencia, y que algunas personas son simplemente imposibles de complacer. Sin embargo, es importante responder a todas las críticas de manera profesional y cortés. Agradece a los clientes sus comentarios, ya sean positivos o negativos, y hazles saber que siempre estás trabajando para mejorar tu restaurante. En la época actual de las redes sociales, también es importante controlar todas las plataformas para ver las opiniones, ya que es probable que los clientes potenciales consulten varios sitios antes de tomar una decisión. Si responde con prontitud y atención a todas las reseñas, demostrará a los clientes potenciales que está atento y que siempre trabaja para crear una experiencia gastronómica positiva.

Como sacarle ventaja a tu competencia

Sí busca ideas para mejorar el marketing de tu restaurante, una opción es echar un vistazo a las reseñas de sus competidores y ver de qué se queja la gente. Esto puede darle una idea de las áreas en las que podría mejorar. Por ejemplo, si la gente se queja de los largos tiempos de espera, podría destacar los tiempos de espera más cortos de tu restaurante en tu marketing. O si la gente dice que la comida de tu competidor es insípida, podría centrarse en resaltar el sabor de sus platos. Si presta atención a las quejas de los clientes, podrá desarrollar una estrategia de marketing más específica que le ayudará a atraer nuevos clientes.

Por ejemplo si vez que la mayoría de la gente se esta quejando de que son muy lentos en el servicio, entonces anuncia que tu comida estará lista en menos de 30 minutos.

De hecho esto fue una de las estrategias que utilizo Dominos Pizza en sus inicios, la mayoría de la gente se quejaba de que la pizza llegaba fría al momento de pedir a domicilio.

En el competitivo mundo del sector restaurantero, cualquier ventaja puede marcar la diferencia entre el éxito y el fracaso. En el caso de Dominos Pizza, esa ventaja vino de la mano de las quejas de los clientes. La empresa se dio cuenta de que la gente se quejaba a menudo de que la comida estaba fría en otros restaurantes, así que decidió utilizar esto como parte de tu estrategia de marketing. Empezaron a anunciar que sus pizzas se entregarían siempre calientes, y lo garantizaban con una garantía de devolución del dinero. Este enfoque ayudó a Dominos a diferenciarse de sus competidores, y pronto se convirtió en una de las cadenas de pizzas más populares del mundo. Aunque otros restaurantes no puedan utilizar las quejas de los clientes de la misma manera, pueden aprender del ejemplo de Dominos y utilizarlo para crear sus propias ventajas de marketing.

Anuncios de Facebook efectivos para restaurante

Ahora ya que entramos en calor, las herramientas que te mostré arriba es una combinación de los clientes que ya tienes actualmente en tu restaurante y la atracción de nuevos clientes.

Pero David ¿Cómo atraigo clientes nuevos desde las redes sociales? Para poder responder esta pregunta primero debemos de ponernos en los zapatos del cliente.

"Entra a la conversación que esta teniendo tu prospecto en su cabeza."

Imagina que estas en tu teléfono navegando en Facebook o Instagram y te topas con una imagen de una hamburguesa.

¿Irias corriendo a comprarte una? Muy probablemente no, ¿Te casarías con alguien que acabas de conocer hace 3 segundos?, No verdad, bueno tal vez algunas personas sí pero la gran mayoría no.

¿Pero por qué si la comida se ve muy apetitosa? Pues por muchas razones, la principal porque no conocen y no han escuchado de tu restaurante, en primer lugar si esta es la primera vez que ves esta hamburguesa y nunca haz escuchado hablar del restaurante dentro de tu circulo social pues menos, ademas de que así como tu hay otros miles de restaurantes publicando y anunciando sus fotos, ¿Por qué elegirían ir al tuyo y no al otro restaurante?

Pero que pasa si alguien ya te menciono este restaurante, y ademas te aparece otra foto atractiva en muro.

Tal vez aún no estas convencido, pero si continuas viendo fotos, en Facebook y después las vez en Instagram, y luego alguno de tus amigos comparten una historia dentro del restaurante, es casi 100% seguro que terminaras yendo, no lo digo yo, lo dicen los números.

Como todo negocio sabe, los clientes potenciales necesitan ser captados varias veces antes de dar el salto y visitar tu establecimiento. Esto es especialmente cierto en el caso de los restaurantes, donde suele haber mucha competencia. El número mágico es 8: ese es el número de veces que un cliente potencial necesita ver tus publicaciones en las redes sociales antes de que sea probable que te visite. Por supuesto, este número puede variar dependiendo de la persona y la situación, pero en promedio, este es el número de veces que necesita para llegar. Así que asegúrese de mantener el nombre y el menú de tu restaurante frente a los clientes potenciales tanto como sea posible

Ahora, antes de que te pongas ha anunciar como loco tus fotografías para que las personas vean tu restaurante, no lo hagas por que puede que pase lo contrario y hartes a la gente.

Facebook es como una fiesta, no un centro comercial. Cuando vas a una fiesta, hablas con gente que conoces y conoces a gente nueva. No vas a una fiesta para comprar cosas. Vas a los restaurantes a comprar cosas, no a las fiestas. Facebook es un lugar donde puedes hablar con tus amigos y familiares, conocer gente nueva y unirte a grupos con personas que tienen intereses comunes. No es un lugar al que ir para encontrar ofertas de restaurantes o productos. Para eso están Google y Amazon. Si Facebook fuera un centro comercial, estaría vacío porque nadie iría allí a comprar. Irían a socializar y a divertirse. Para eso está Facebook.

Antes de comenzar a lanzar anuncios o promociones lanzar en Facebook debemos saber que Facebook contiene un algoritmo el cual esta se esta cambiando y renovando constantemente.

¿Qué es lo que quiere Facebook? Si respondes esta pregunta y le das a Facebook lo que quiere, Facebook te premiara con mayor alcance y tus clientes te premiaran con ventas.

Cualquier empresa que se valore quiere que sus clientes vuelvan una y otra vez, y Facebook no es diferente. La plataforma de redes sociales depende de que los usuarios vuelvan al sitio cada día para ver las actualizaciones de sus amigos, familiares y marcas favoritas. Una forma de mantener a los usuarios conectados es ofrecerles entretenimiento.

Y los restaurantes son un tipo de negocio que puede sobresalir en esto. Al publicar fotos de platos deliciosos, los restaurantes pueden atraer a los usuarios de

Facebook para que vayan a comer. Y si los clientes interactúan con las publicaciones -dejando comentarios o enviando mensajes-, esto ayuda a mantener el restaurante en el primer plano. Por eso, los restaurantes que quieran tener éxito en Facebook deben centrarse en crear contenidos que sean visualmente atractivos y que puedan provocar una respuesta.

OJO: Los "me gusta" no son interacciones, las interacciones son comentarios, etiquetar a alguien, mandar un mensaje a tu pagina, esas son interacciones.

El restaurantero exitoso sabe que el marketing es esencial para impulsar las ventas y el crecimiento. Sin embargo, con el paisaje siempre cambiante del mundo digital, puede ser difícil mantenerse al día con las últimas tendencias. Un posible problema es confiar demasiado en las métricas de las redes sociales, como los "me gusta" Si bien es cierto que los "me gusta" pueden ser un indicador de interés, no reflejan necesariamente el compromiso real o las conversiones.

Esta frase me gusta: "Los likes no los metes al banco" entonces no busques generar likes, busca cómo generar conexión con tus clientes para que estos valoren tu marca y sin pensarlo querrán ir a conocer tu restaurante.

De hecho, Facebook ha ido limitando cada vez más el alcance del contenido orgánico, lo que significa que las empresas tienen que pagar para llegar a tu público objetivo. Por lo tanto, es importante tener en cuenta una variedad de canales de marketing y no poner todos los huevos en la cesta de las redes sociales. De lo contrario, se corre el riesgo de perder clientes potenciales.

Hay varios errores o mejor dicho horrores en las publicaciones que he visto que algunos restaurantes realizan en redes sociales.

ERRORES QUE DEBES EVITAR:

Error 1: Diseño sin propósito

¿Has visto alguna vez un diseño de cartel o anuncio tan cargado que no has podido averiguar de qué producto se trata o de qué evento se supone que se trata?

La mayoría de las veces, esto se debe a que los diseñadores intentan meter demasiada información en un espacio demasiado pequeño. En un intento de asegurarse de que los espectadores reciban todos los detalles importantes, acaban haciendo un diseño confuso y difícil de interpretar. El mismo principio se aplica a la redacción de los títulos de las publicaciones. Cuando se incluye demasiada información en el título, resulta difícil de procesar y comprender para los lectores. No sólo eso, sino que también hace que tu publicación parezca aburrida y poco atractiva. Un título debe ser conciso y directo, proporcionando la información suficiente para despertar el interés de los lectores. Todo lo que sea más que eso es innecesario y sólo servirá para disuadir a la gente le guste tu comida..

Facebook también limita el alcance de tus publicaciones si estas contienen palabras más del 20% del tamaño de la imagen.

No es ningún secreto que Facebook es una de las plataformas de redes sociales más populares. Con más de 2.000 millones de usuarios activos, es una poderosa herramienta para conectar con amigos, familiares e incluso clientes. Sin embargo, una cosa que Facebook no quiere que hagas es usarla como plataforma para vender. En cambio, el gigante de las redes sociales quiere que sus usuarios interactúen entre sí. Eso significa publicar contenido interesante, iniciar conversaciones y, en general, relacionarse con la comunidad. Por supuesto, puedes seguir utilizando Facebook para promocionar tu negocio o producto, pero debes centrarte en crear relaciones en lugar de hacer ventas. Si sigues este enfoque, tendrás más probabilidades de tener éxito en Facebook.

Imagina que estas en una fiesta y alguien te reparte un volante, ¿qué es lo que harías?

¿Lo tirarías verdad?, la gente hace lo mismo con este tipo de publicaciones en Facebook.

Error 2: Publicar fotografías o videos de tu restaurante vacío

Restaurante vacío

La psicología que funciona en el mundo real también funciona en el mundo digital. Por eso es tan importante asegurarse de que las fotografías de tu restaurante tengan gente. Si la gente ve que tu restaurante está vacío, va a asumir que no vale la pena tu tiempo o tu dinero para visitarlo. En cambio, si ven que tu restaurante está lleno y es popular, es mucho más probable que lo prueben. Por eso merece la pena mantener en revisión lo que se publica en redes sociales, Al hacerlo, se asegurará de que los clientes potenciales tengan una impresión positiva de tu negocio, lo que puede conducir a más ventas en el futuro.

¿A qué me refiero con esto? Imagina que vas caminando por la calle, en un lado vez un restaurante lleno y del otro vez uno vacío, ¿En cual te gustaría probar la comida? Gente siempre llama gente, como pasa en la calle también pasa en las redes sociales, evita a toda costa este pecado.

Error 3: Publicar imágenes irreales

Fotografía Irreal

Fotografía real

¿Por qué pasa esto? Cuando el cerebro ve algo demasiado bueno para ser verdad, el cerebro lo rechaza en automático, hay una linea muy delgada entre lo que parece muy estilizado a lo que verdaderamente se ve muy bueno.

Cuando las fotos están demasiado estilizadas, por ejemplo que las realizan en un estudio o con un fondo negro que no es el restaurante , aunque son muy buenas fotografías, estas no funcionan para atraer nuevos clientes, esto lo sabemos debido a que el sistema que desarrollamos en Astral Restaurant Systems puede medir que fotografía atrae mas clientes.

En un mercado tan competitivo como el de los restaurantes, atraer a nuevos clientes es esencial para el éxito. Los comensales son cada vez más propensos a basar sus decisiones sobre dónde comer en la calidad de las fotos que ven en Internet. Sin embargo, no basta con tener buenas fotos. Las fotos deben representar con precisión el restaurante y tu comida. Cuando los comensales ven una foto de un bonito plato de comida que no se parece en nada a lo que realmente les ofrecen en el restaurante, se sentirán decepcionados y puede que no vuelvan. En cambio, cuando los comensales ven fotos que parecen apetitosas y realistas, es más probable que se sientan tentados a probar la comida por sí mismos. Por ello, es importante que los restaurantes utilicen fotos cuidadosamente diseñadas qué reflejen con exactitud la experiencia gastronómica que ofrecen.

Error 4: Títulos aburridos

Publicar como titulo algo que contenga las palabras "Ven a visitarnos" "Acompáñanos" o cualquier conjunto de palabras que parezca que necesitas clientes, además de que parecerás que no tienes clientes, la gente ya esta cansada que le vendan, en automático cuando ven estas palabras pasan la imagen, la gente quiere ser seducida indirectamente, recuerda el motivo de tus publicaciones no es vender es seducir.

Error 5: Imagenes de mala calidad

Publicar imágenes de mala calidad, pareciera algo lógico que publicar imágenes de mala calidad seria de mas decirlo, pero a que me refiero con mala calidad, en primer lugar que la imagen no es de alta definición, la definición adecuada mínima debe de ser de 1000 x 1000 pixeles, la otra cuestión es no cuidar los pequeños detalles y solo publicar por publicar, te muestro una imagen aquí debajo.

Aún no logro descubrir por qué publicaron esto.

Muy bien, ya tienes las imágenes perfectas, el texto de tus imágenes es muy atractivo pero si solo publicas en tu muro, solo conseguirás que el 3% de todos seguidores te vean.

Cuando hablo con algunos de mis clientes y les pregunto por sus bases de datos, muchos me comentan que tienen bastantes seguidores, pero vamos a definir una cosa, que tengas 10,000 o un millón de seguidores no sirve de mucho, en primer lugar no es una base de datos y en segundo lugar solo el 1% de esos seguidores verán tu publicación, de las cuales mas del 99% solo la pasara.

Entonces debido a esto, tienes que considerar si o si en invertir en anuncios si quieres realmente que la gente vea tu imagen.

Error 6: Invertir todo tu presupuesto a una sola imagen

Cuando se trata de hacer publicidad en las redes sociales, puede ser difícil saber cuánto invertir. Después de todo, puede ser difícil medir el retorno de la inversión (ROI) generado por estos anuncios. Sin embargo, eso no significa que debas renunciar por completo a la publicidad en redes sociales. En tu lugar, recomiendo distribuir tu presupuesto en 2 imágenes diferentes por semana. De esta manera, tendrás más posibilidades de llegar a tu público objetivo y generar algo de ROI. Además, siempre puedes ajustar tu presupuesto según los resultados que veas. Así que no tengas miedo de experimentar un poco con tu inversión en publicidad en redes sociales. Podría acabar dando sus frutos a lo grande para tu negocio.

Es importante que tus prospectos vean variedad de imágenes, por si no les llama la atención una imagen, les llame la atención otra.

La otra solución es que contactes a nuestra empresa Astral Restaurant Systems donde instalamos nuestro software a tu pagina de Facebook y a tu restaurante, donde podremos medir que imágenes son las que te generan el mayor número de clientes en tiempo real, optimizando así tu presupuesto de marketing y permitir saber cual es tu retorno de inversión con precisión.

Error 7: No contestar los mensajes de tus clientes rápidamente

"A tus clientes no les importa si estas ocupado, ellos quieren atención inmediata."

Un cliente te pregunta el horario, te pregunta si puede hacer reservaciones, donde te encuentras ubicado, etc.

Al momento que un cliente pregunta por ubicación, horarios o menú, esto quiere decir qué hay más de 80% de probabilidades que el cliente te visite.

Imaginemos de nuevo que cada uno de tus clientes que te escribe es una posible visita, si no le respondes, esa persona pensara que no estas interesado, por lo tanto ellos tampoco estarán interesados en ti.

A un cliente si no le respondes en un periodo mayor a 15 minutos, ese cliente ya se fue a otro restaurante.

Una vez a uno de mis clientes le escribió una persona para hacer una reservación y le respondimos en menos de 2 minutos, este cliente hizo una reservación, le dimos seguimiento, este cliente gasto mas de 500 USD en su mesa... imagina que pierdas un cliente de estos todos los días, no puedes darte ese lujo.

Lo mejor que puedes hacer aquí es o poner a una persona dedicada 100 % a esto y en el mejor de los casos automatizar tu proceso de atención al cliente con un chatbot como los que hacemos nosotros en www.astralrestaurants.com

Una vez leí una frase que cambio totalmente mi perspectiva espero y te sirva: "Si no requiere de tu creatividad, delégalo o automatízalo."

No pierdas clientes nunca más.

Error 8: Hacer los mismos anuncios para todo los públicos

No es ningún secreto que las personas de distintas edades suelen tener intereses, valores y formas de hablar diferentes. Esto es especialmente cierto cuando se comparan los adultos jóvenes con los de mediana edad o mayores. Para las empresas y organizaciones, esta simple verdad puede tener un gran impacto en la eficacia de las campañas publicitarias. Al crear un anuncio, es importante tener en cuenta las diferentes necesidades y perspectivas de los distintos grupos de edad. Es probable que una persona de 20 años responda a un mensaje muy diferente al de una de 50, por lo que las empresas deben asegurarse de que tu publicidad refleje esta realidad. Utilizar la misma imagen y las mismas palabras para todas las personas no solo no resonará con muchos clientes potenciales, sino que puede alejarlos activamente. Adaptando tu publicidad a las necesidades específicas de cada grupo de edad, las empresas pueden asegurarse de que tu mensaje se escuche alto y claro.

Crea un anuncio para hombres de 20 a 30 años y otro para mujeres de la misma edad, los dos anuncios tienen diferentes fotos y diferentes textos.

Lo mismo con segmentaciones por cada 10 años de diferencia, de 20 a 30, de 30 a 40, de 40 a 50.

De esta manera obtendrás mejores conversiones a visitas, ya que hablaras el mismo idioma dependiendo del segmento.

Error 9: Utilizar demasiado diseño

Hoy en día, parece que nos bombardean constantemente con imágenes de comida. Ya sea al desplazarnos por nuestras redes sociales, al hojear una revista o al caminar por la calle, es difícil escapar del constante bombardeo de fotos de comida que nos hacen agua la boca. Y aunque no hay nada malo en disfrutar de una buena foto gastronómica, a veces tenemos que detenernos y preguntarnos: ¿estamos consumiendo comida o estamos consumiendo diseños?

Si somos sinceros, la mayoría de las veces, cuando vemos un plato de comida perfectamente diseñado y fotografiado, no pensamos realmente en su sabor. Estamos demasiado ocupados admirando la disposición de los ingredientes, la forma en que la luz incide en el plato o la creatividad del emplatado. En otras palabras, nos centramos más en el diseño que en la comida.

No nos malinterpretes, no hay nada malo en disfrutar de una bonita foto de comida. Pero la próxima vez que te encuentres babeando por un post de Instagram o un pin de Pinterest, tómate un momento para preguntarte: ¿me interesa realmente porque se ve delicioso o porque parece algo salido de una computadora? Si es esto último, quizá sea el momento de alejarse de las pantallas y empezar a disfrutar de la comida de verdad. Al fin y al cabo, ¿no es eso lo que realmente importa en la vida? Hay veces que veo que algunos restaurantes publican fotos de la comida con mucho diseño, de hecho muy apenas se vea la comida.

Y cometemos el error todavía de poner la dirección del restaurante en la fotografía, o poner el nombre del platillo.

Si a la gente le gusta lo que ve créeme harán hasta lo imposible de averiguar donde te encuentras, cuando se trata de una foto de comida, lo mejor es no utilizar ningún diseño en tu fotografía, ya que el diseño arruinaría la comida que intentas mostrar.

Públicas tu comida con la mas alta calidad de fotografía que encuentres en algún lugar iluminado dentro de tu restaurante, si puedes poner gente en el fondo, mejor.

Imagen sin diseño   Diseño sin proposito

Error 10: No generar suficiente interacción en tus publicaciones

"Una publicación sin interacción es como un restaurante sin clientes"

En 2018, Facebook hizo un cambio en el algoritmo que determina lo que aparece en el muro de cada persona. El nuevo algoritmo se basa en gran medida en la participación, lo que significa que las publicaciones que reciben muchos "me gusta", comentarios y compartidos tienen más probabilidades de aparecer en las noticias de los usuarios. Como resultado, los usuarios ven más contenido de sus amigos y familiares, y menos contenido de marcas y empresas. Esto ha tenido un gran impacto en la forma en que la gente consume información en Facebook. Además de ver más contenido personal, los usuarios también ven más contenido relevante para ellos. Este cambio ha hecho que Facebook sea más fácil de usar y ha dado lugar a un aumento de las tasas de participación. En general, el nuevo algoritmo está funcionando bien para Facebook y sus 2.800 millones de usuarios.

Por lo tanto tu algoritmo esta diseñado para mostrarte solo 100 piezas de contenido diarias, de las cuales solo se mostraran las cuales tengan relevancia o interacciones de otros usuarios.

Estas interacciones pueden ser reacciones, compartidas, comentarios, etc.

Si tu contenido no esta generando interacción con tus usuarios o posibles clientes, el algoritmo de facebook no mostrara tus publicaciones.

Es por eso la importancia vital que tus publicaciones generen la mayor interacción posible todo el tiempo.

Si te gustaría saber cómo hacer esto en tu restaurante al final del libro encontraras nuestro correo electrónico en el cual podríamos diseñar algo específico para ti.

En el ejemplo debajo podemos ver que tienen 2,400 reacciones, pero lo mas importante es que tiene 8,200 comentarios, cuando vez una publicación con tanta interacción, te detienes a verla y genera intereses en los demás usuarios, esto es prueba social.

Te muestro otro ejemplo de como hacer publicaciones interactivas, en este caso nos apalancamos de lo que en ese momento estaba de moda para crear una publicación interactiva que conectara con la marca.

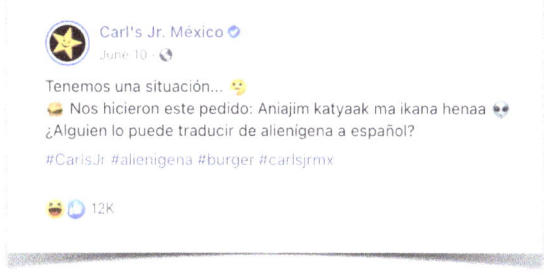

Instagram : El poder de las historias

Las redes sociales pueden ser una poderosa herramienta de marketing. Además de ayudar a dar a conocer tu negocio, también pueden proporcionarle información valiosa sobre lo que los clientes piensan de tu comida y tu servicio. Una forma de medir la satisfacción de los clientes es medir el número de veces que los clientes le etiquetan en una historia. Si los clientes te etiquetan regularmente en publicaciones positivas, es una buena señal de que están contentos con tu experiencia en tu restaurante. Por otro lado, si ves una disminución en el número de etiquetas, podría ser una indicación de que los clientes no están contentos con los cambios recientes o que tu comida ya no cumple con sus expectativas. En cualquier caso, el seguimiento de las etiquetas de los clientes puede darle una buena idea del éxito que puede tener tu restaurante en el futuro.

Desde tu creación, Instagram ha sido la plataforma de redes sociales preferida para compartir imágenes y fotos. Con tu sencilla interfaz y sus filtros fáciles de usar, Instagram es la forma perfecta de mostrar tu contenido visual. Sin embargo, como cualquier usuario experimentado de Instagram sabe, no todas las fotos son iguales. Si quieres sacar el máximo partido a Instagram, debes prestar especial atención a la calidad de tus fotos. Esto significa que debes tomarte el tiempo necesario para encuadrar tus fotos con cuidado, elegir temas que sean visualmente interesantes y utilizar los filtros con moderación (si es que lo haces). Siguiendo estos sencillos consejos, puedes asegurarte de que tus fotos de Instagram sean dignas de un doble toque. ¿Por qué?

Así es como funciona, a diferencia de Facebook cuando entras a una cuenta de Instagram puedes ver todas las imágenes en una sola pantalla de tu celular.

Faceboook   Instagram

 Lo primero que hará un posible cliente a ver después de ver una imagen o video tuyo, ira a tu pagina de Instagram, las mejores fotos deben de estar aquí.

En la era de las redes sociales, es importante que los restaurantes tengan presencia en Internet. Pero con tantas plataformas para elegir, puede ser difícil saber por dónde empezar. Una plataforma que a menudo se pasa por alto son las historias de Instagram. A diferencia de las publicaciones, que pueden desaparecer rápidamente en el feed de una persona, las historias permanecen en la parte superior de la pantalla durante 24 horas. Esto hace que sea más probable que sean vistas por amigos y seguidores. Y cuando una persona comparte una historia sobre un restaurante, está dando tu sello de aprobación. En el mundo digital actual, el boca a boca es más importante que nunca. Al aprovechar el poder de las historias de Instagram, las empresas pueden llegar a nuevos clientes y animar a los clientes existentes a volver una y otra vez.

Entre mas puedas incentivar que la gente suba historias de tu restaurante mejor, ¿Cómo hacer esto? Diferenciadores, esa es la respuesta, ¿Que te hace diferente? ¿Que te hace raro? ¿Sirves la comida diferente a los demás? ¿Tienes algún platillo que nadie más tenga? Hazte estas preguntas para sacar a flote estos diferenciadores si es que no los tienes aun bien marcados.

Entre mas personas te etiqueten o hagan historias sobre tu restaurante mejor.

De hecho hablando de etiquetas e importancia de estas, uno de los restaurantes más famosos del mundo germinó de esta manera.

El de "boca en boca" de hoy en día. (Las historias de Instagram)

La digitalización nos ha obligado a comunicarnos de manera diferente, pero de la misma manera.

Déjame te explico, antes al toparte algún amigo en la calle, tu le contabas como te la habías pasado en un restaurante y por medio de palabras expresabas tu experiencia.

Actualmente las historias de Instagram de las personas que seguimos, amigos y familiares, es la nueva forma en la cual nos relacionamos y recreamos este "boca en boca".

La diferencia radica que ahora es con videos y fotografía, lo que aumenta tu alcance, aquí lo importante es saber cómo hacer que esto funcione a nuestro favor.

Mide tu marketing interno de esta manera, si hoy tuviste 30 visitas en tu restaurante, ¿en cuantas historias te etiquetaron? Evalúa este numero todos los días.

Imagina que de esas 30 personas solo 5 te hayan etiquetado y cada una de estas 5 personas hayan tenido un alcance de 40 personas, entonces te vieron 200 personas, ahora supongamos que solo el 5% hayan tomado acción, son 10 personas, eso quiere decir que doblaste el numero de clientes con el simple hecho.

Si no te están etiquetando lo suficiente o quisieras aumentar este numero aquí te van algunos consejos.

1.- Crea un muro "instagrameable".
2.- Utiliza luces neon.
3.- Pon tu logo en cualquier lugar posible.
4.- Utiliza la mejor iluminación posible.
5.- Haz algún show al presentar la comida.
6.- Incita a tus clientes con platillos vistosos y/o diferentes.
7.- Haz mención a tus clientes para que saquen sus cámaras antes del show.
8.- Regala una bebida extravagante, no te costará mucho pero te va a generar muchos clientes futuros.
9.- Canta las mañanitas y prende muchas velitas en los cumpleañeros. (Hay mucha gente grabándote, pon mucha atención al detalle, muy importante)

La estrategia del Halo Effect

Bruno Mars es un músico de renombre con muchos éxitos en las listas de éxitos, pero en 2017 ganó notoriedad por algo más: un tuit que llevaría al surgimiento de Salt Bae. Todo comenzó cuando Mars publicó un vídeo de sí mismo bailando una de sus canciones, con la leyenda "Yo y mi amigo @saltbae" El vídeo se hizo viral, y en poco tiempo todo el mundo hablaba de Salt Bae, el misterioso hombre que había captado la atención de Mars. Gracias al poder de las redes sociales, Salt Bae pronto se convirtió en una sensación internacional, y la gente hacía cola para probar tu plato estrella: un filete con costra de sal. Hoy en día, se pueden encontrar restaurantes Salt Bae en todo el mundo, cada uno de los cuales sirve suculentos filetes con una buena pizca de sal. Y todo empezó con un afortunado tuit de Bruno Mars.

Tal vez lo conozcas o tal vez no, pero podemos aprender varias cosas de Salt Bae, y una es: Nunca subestimes el poder de la marca personal, se el mejor promotor de tu restaurante, no hay mejor manera de promover un marca que tu mismo.

La pasión es un impulso que no se puede detener. Es algo que se acumula en tu interior hasta que finalmente estás preparado para dejarlo salir al mundo. Para Salt Bae, esta pasión era la carne. Empezó a trabajar en una carnicería a una edad temprana, y rápidamente empezó a ascender en el escalafón. Sin embargo, no se detuvo ahí; utilizó sus ahorros para viajar a Argentina y Nueva York, donde aprendió todo sobre la carne. Gracias a ello, pudo aportar tu estilo y perspectiva únicos al mundo culinario. Tu perseverancia ha dado sus frutos, y ahora es uno de los chefs más exitosos del mundo. Gracias a Salt Bae, ahora sabemos que seguir nuestra pasión puede llevarnos a la grandeza.

Voló a Turquía después de varios años y con sus ahorros abrió tu primer restaurante, en Turquía ofrecía toda una experiencia a sus comensales por lo que no tardo en ser muy reconocido dentro del rubro.

Bruno Mars compartió un meme en el que aparecía el chef turco Nusret Gökce, más conocido como Salt Bae, y la publicación se hizo rápidamente viral. El meme ayudó a dar a conocer a Salt Bae a un público más amplio e impulsó el interés por sus restaurantes. Sin embargo, Salt Bae ya era un chef conocido antes de que se compartiera el meme. Había aparecido en numerosos artículos y vídeos, e incluso en programas de televisión. Sin embargo, el poder de Internet le ayudó a alcanzar nuevos niveles de fama. Gracias al efecto halo de la viralidad, Salt Bae se ha convertido en un nombre familiar.

En el mundo actual, las marcas siempre buscan formas de destacarse de la competencia. Una forma de hacerlo es asociarse con artistas conocidos. Al aprovechar la reputación y la fama de estos artistas, las marcas pueden proteger tu propia reputación al tiempo que obtienen una valiosa exposición. En muchos casos, estas asociaciones pueden ser mutuamente beneficiosas, ya que tanto la marca como el artista ganan reputación y fama. Sin embargo, es importante considerar cuidadosamente estas asociaciones antes de iniciarlas, ya que a veces pueden ser contraproducentes si no se gestionan adecuadamente. Sin embargo, si se hacen bien, pueden ser una gran manera de impulsar el perfil de una marca.

En 2017, el chef y restaurador turco Nusret Gökçe, más conocido como Salt Bae, abrió tu primer restaurante en Estados Unidos. El nuevo establecimiento se convirtió rápidamente en un punto de interés para las celebridades y las personas influyentes, que acudieron a fotografiarse con el ahora famoso propietario del asador. Gracias a este respaldo de los famosos, el restaurante de Salt Bae ha sido en gran medida inmune a las malas críticas, incluso cuando varios artículos de revistas han arremetido contra la calidad de tu comida. Este fenómeno se conoce como el "efecto halo", por el que las asociaciones positivas que la gente tiene con una marca o persona concreta superan cualquier información negativa. En el caso de Salt BAE, tu clientela célebre le ha permitido desentenderse de la mala prensa y seguir prosperando.

Cualquiera que haya dirigido un restaurante sabe que el boca a boca es la clave del éxito. Y en la era de las redes sociales, eso significa asegurarse de hacer todo lo posible para que tu nombre se conozca y sea compartido por el mayor número de personas posible. Una buena forma de hacerlo es contactar con personalidades locales e invitarles a visitar tu local. Si disfrutan de tu experiencia, es muy probable que quieran compartirla con sus seguidores. E incluso si no lo publican de inmediato, el simple hecho de que coman en tu restaurante ayudará a correr la voz. Así que no tengas miedo de invitar a esas personalidades locales a que visiten tu local: puede ser el impulso que tu negocio necesita.

Hazles la vida fácil a tus clientes

Como propietario de un restaurante, es importante facilitar a sus clientes la búsqueda de la información que necesitan. Si tienen que buscar la dirección, el menú o el número de reserva, es probable que se frustren y se vayan a otro restaurante. Aunque hay muchas maneras de proporcionar esta información, una de las más eficaces es crear un enlace en el que los clientes potenciales puedan encontrar todo en un solo lugar. Puede ser en tu sitio web, en tu página de redes sociales o incluso en tu firma de correo electrónico. Si facilita a los clientes la búsqueda de la información que necesitan, aumentará la probabilidad de que elijan tu restaurante en lugar de otros. entre menos fricción haya entre tu y tu cliente es mucho mejor, se vería algo así:

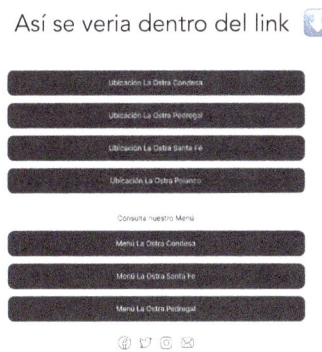

Instagram

Así se veria dentro del link

Tip extra:

Un excelente servicio de atención al cliente es esencial para cualquier negocio, pero puede ser difícil ofrecer un buen servicio cuando los clientes tienen dificultades para contactar con tu restaurante. Una forma de superar este reto es crear un número de WhatsApp específico para la atención al cliente, las reservas y otras consultas. Al anunciar este número en tu sitio web y en las plataformas de medios sociales, puede facilitar que los clientes se pongan en contacto con usted cuando necesiten ayuda. Además, el uso de un número de WhatsApp dedicado al servicio de atención al cliente puede ayudar a garantizar que las consultas se gestionen con rapidez y eficacia. En el competitivo mercado actual, ofrecer un excelente servicio de atención al cliente es esencial para empresas de todos los tamaños. Al crear un número de WhatsApp de atención al cliente dedicado, puede facilitar a sus clientes la obtención de la ayuda que necesitan, cuando la necesitan.Hay mejor respuesta por este medio de comunicación e iras creando una base de datos muy valiosa.

La plataforma que utilizo con mis cliente se llama https://linkr.bio/

Pro tip:

Como propietario de un negocio, sabe que el servicio al cliente es esencial para el éxito de tu empresa. Cuando los clientes tienen un problema o una pregunta, quieren saber que alguien estará allí para ayudarles a resolverlo lo antes posible. Desgraciadamente, hay ocasiones en las que no puede estar disponible para responder a todas las llamadas o contestar a todos los correos electrónicos inmediatamente. Aquí es donde entra en juego la delegación. Al delegar la responsabilidad de la atención al cliente en otros miembros de tu equipo, puede asegurarse de que alguien esté siempre disponible para ayudar a sus clientes, incluso cuando usted no pueda estarlo. Además, la delegación también puede ayudar a garantizar que sus clientes reciban la atención individualizada que necesitan, ya que cada miembro de tu equipo tendrá sus propios puntos fuertes y habilidades. Al delegar el servicio de atención al cliente en otras personas, puede estar seguro de que sus clientes estarán siempre atendidos.

Como tener éxito en TIK TOK

En octubre de 2020, una plataforma china llamada "Douyin" superó los 2.000 millones de descargas. Lo interesante de esto es que no se trata de la típica plataforma de medios sociales como Facebook o Twitter. En tu lugar, Douyin se centra en los vídeos de corta duración y en la música. Es similar a TikTok, que en realidad es la versión internacional de Douyin. Lo que también es interesante es que mientras TikTok está luchando por ganar tracción en China, Douyin está despegando absolutamente. Esto demuestra que hay un gran mercado para los contenidos de vídeo de corta duración en China. Si TikTok consigue abrirse paso en el mercado chino, podría experimentar un gran crecimiento. Pero por ahora, Douyin parece ser el claro ganador en el espacio de los vídeos cortos en China y en el mundo.

Actualmente es elemental estar en esta plataforma, ya que tiene un crecimiento constante ademas de que se espera que esta tendencia siga por muchos años.

El algoritmo de TIKTOK es muy diferentes al de otras plataformas como Facebook e Instagram, por ejemplo en TIKTOK y casi innecesario utilizar hashtags # para que la gente encuentre tus videos como preferencias, la otra cuestión es de que TIKTOK le da la oportunidad a pequeños creadores de contenido a si tu contenido es bueno generes alcance exponencial.

Cada día se unen 650,000 usuarios. Si quieres aprender mas de como utilizar esta plataforma te dejo el siguiente enlace https://blog.hootsuite.com/how-to-edit-videos-on-tiktok/

Cuando se trata de restaurantes, no hay nada como hacerse viral en TIKTOK. Recientemente, un restaurante de Inglaterra se hizo viral de la noche a la mañana, con gente haciendo cola durante horas para ser los primeros en entrar. A diferencia de otras plataformas de medios sociales, TIKTOK ofrece la oportunidad única de llegar a una amplia audiencia muy rápidamente. Para las empresas, esto puede ser una gran manera de generar interés y emoción. Por supuesto, no siempre es fácil hacerse viral, pero merece la pena esforzarse por conseguirlo. Al fin y al cabo, no hay nada como ver cómo tu negocio despega gracias al poder de las redes sociales.

Lo único que importa mas que nada en esta plataforma, es que sea pegajoso y que les des que hacer a las personas, imponer un nuevo baile para que otros lo repliquen, crear un jingle o ritmo gracioso, me imagino que eso siempre a funcionado bien en el marketing pero en otras plataformas no estaba tan visible.

Aquí debajo te dejo un claro ejemplo de cómo este pequeño restaurante en Inglaterra se volvió viral con un "Jingle" que compartieron en esta plataforma.

Binley Mega Chippy es el nombre del restaurante que se convirtió en una sensación viral en el Reino Unido millones de personas con una inversión de $ 0, debido a la gran viralidad, este restaurante recibió millones de libras esterlinas en la publicidad gratuita debido a las grandes redes de noticias, influncers compartió de forma gratuita tu gran fortuna. Este acontecimiento fue un punto de inflexión para el restaurante, ya que antes de esto estaban luchando por mantener sus puertas abiertas. Esta historia demuestra que con un poco de creatividad y trabajo duro, todo es posible. Ahora el restaurante ha aparecido en algunas de las cadenas de noticias más importantes del mundo y ha conseguido una clientela fiel que adora tu comida. Si alguna vez se encuentra en el Reino Unido, asegúrese de pasar por Binley Mega Chippy y disfrutar de una deliciosa comida.

No hay duda de que TikTok es una de las plataformas de redes sociales más populares del momento. Con más de 1.500 millones de usuarios activos, es un lugar ideal para llegar a una amplia audiencia con tu mensaje de marketing. Y una de las mejores maneras de hacerlo es creando vídeos divertidos y pegadizos que aprovechen las tendencias populares. Por ejemplo, un vídeo que se hizo viral hace poco era una versión de la prueba de verificación Captcha "No soy un robot" que a menudo hay que completar al registrarse en nuevos sitios web. El vídeo mostraba a personas que representaban las distintas pruebas Captcha, y resultaba divertido y cercano. Como resultado, generó mucha expectación y consiguió que la gente hablara de la marca. Así que si quieres llegar a un público amplio con tu mensaje de marketing, TikTok es definitivamente una plataforma en la que tienes que estar. Y si creas vídeos divertidos y centrados en las tendencias, puedes causar un gran impacto.

Consejos de TikTok:

- Usa lo que ya funciona, mira y replica el estilo de videos que se han hecho virales.
- Constancia es la clave, en 1 años puedes alcanzar cientos de miles de seguidores publicando de 1 a 2 videos todos los días.
- No le tengas miedo a la cámara, haz videos sin pensar tanto.
- Algunas ideas para videos: Como hacer un platillo especial de tu restaurante, algún baile divertido dentro de tu restaurante, baile con meseros, crea un jingle pegajoso para que la gente lo use en sus videos también, graba un video donde expliques el "por que" de tu restaurante, etc.
- Agrega la ubicación de tu restaurante en tu video, también en los #.

Las fotografías que atraen más clientes a los restaurantes

A continuación te comparto las fotografías que mas me han funcionado en campañas publicitarias que nos generaron el mayor numero de ventas y te preguntaras como sabes que estas fotografías vendieron mas que otras, bueno creo que ya te los hacia comentado antes nosotros tenemos un software que se encarga de medir las ventas de acuerdo a tu fotografías en redes sociales, por lo que en Astral Restaurant Systems no medimos el éxito en likes o comentarios, lo medimos en ventas en tu restaurante

La fotografía es una herramienta importante para empresas de todo tipo. Una foto bien tomada puede ayudar a atraer nuevos clientes y a promocionar un producto o servicio. Sin embargo, puede ser difícil saber qué hace que una foto tenga éxito. ¿Es la composición? ¿La iluminación? ¿El tema? Medir el impacto de las fotografías en las ventas puede ayudar a responder a estas preguntas y proporcionar información valiosa sobre lo que funciona y lo que no. Con esta información, las empresas pueden repetir la fórmula del éxito una y otra vez, atrayendo nuevos clientes y haciendo crecer tu negocio. En un mercado tan competitivo como el actual, se trata de una herramienta inestimable.

Cabe destacar que dependiendo del restaurante, algunas fotografías funcionan mejor que en otras.

Si te interesa saber mas acerca de nuestro software, contáctanos en este link para agendar una videollamada y platicar al respecto: www.astralrestaurants.com

Como llenar tu restaurante de cumpleañeros

En el competitivo mercado actual, los restaurantes tienen que hacer todo lo posible para atraer y retener a los clientes. Una forma de hacerlo es ofrecer ofertas de cumpleaños. Los cumpleaños son un momento en el que la gente quiere celebrar, y a menudo lo hacen saliendo a comer fuera. Al ofrecer un descuento o un menú especial en los cumpleaños, los restaurantes pueden animar a los clientes a visitarlos más a menudo. Además, las ofertas de cumpleaños pueden ayudar a crear un sentimiento de fidelidad entre los clientes, que pueden ser más propensos a recomendar el restaurante a sus amigos y familiares. Por lo tanto, para cualquier restaurante que aún no ofrezca ofertas de cumpleaños, vale la pena considerar la posibilidad de hacerlo.

En algunas ocasiones me he encontrado con dueños de restaurantes que se avergüenzan de tener promociones en su restaurante, antes que nada déjame decirte la diferencia entre promoción u oferta y premio o beneficio. Una promoción es una actividad de marketing cuyo objetivo es aumentar las ventas ofreciendo un precio inferior al habitual o regalando algún producto. Por otro lado, un beneficio es un servicio o bien que el cliente percibe como una ventaja al consumir en tu restaurante. Si tomamos estos dos conceptos y los aplicamos al negocio de la restauración, podemos decir que una promoción es una acción externa que busca atraer nuevos clientes, mientras que los beneficios son acciones internas destinadas a retener a los clientes. Por lo tanto, ambas son imprescindibles para cualquier negocio, pero de forma diferente y con objetivos distintos. Podríamos decir que las promociones son como un "cebo" y los beneficios son la "recompensa". Y ambos son esenciales para lograr el objetivo de cualquier negocio: generar más ingresos. Por eso, si tienes la oportunidad de realizar algún tipo de promoción en tu restaurante, no lo dudes, porque te aportará nuevos clientes que pueden convertirse en habituales si perciben los beneficios que ofrece tu establecimiento.

¿Alguna vez te has sentido fiel a una determinada marca porque ofrece grandes descuentos? O tal vez eres de los que sólo compran en marcas que regalan. Sea cual sea el caso, es interesante observar que nos fidelizamos a cosas diferentes según el tipo de oferta. Los estudios han demostrado que cuando una marca ofrece un descuento, los clientes se vuelven fieles al propio descuento. En cambio, cuando una marca regala algo o proporciona un beneficio, la gente se vuelve fiel a la propia marca. Este fenómeno puede explicarse por el hecho de que los descuentos suelen ser temporales, mientras que los regalos y los beneficios se consideran más duraderos. Por ello, las marcas deben considerar cuidadosamente a qué quieren que sus clientes sean fieles antes de hacer cualquier oferta.

Según un estudio de la Asociación Nacional de Restaurantes, los cumpleaños son una de las tres principales razones por las que la gente sale a comer fuera. Además, casi la mitad de los adultos dicen que celebran tu cumpleaños en un restaurante. Teniendo en cuenta estas estadísticas, está claro que las celebraciones de cumpleaños son una importante fuente de ventas para los restaurantes. Sin embargo, muchos restaurantes no aprovechan esta oportunidad y prefieren centrarse en otras ocasiones, como el Día de San Valentín o el Día de la Madre. Las celebraciones de cumpleaños ofrecen una oportunidad única para fidelizar y repetir el negocio. Los restaurantes que crean una campaña publicitaria específica para los cumpleaños pueden cosechar los beneficios de un aumento de las ventas y de la satisfacción de los clientes. Cuando se hace bien, una campaña exclusiva de cumpleaños puede ser una poderosa herramienta de marketing.

En los restaurantes en los que hemos trabajado hemos encontrado porcentajes de retornos de inversión de mas de 400% al invertir en campañas de cumpleaños.

Solo imaginemos por un instante que pudieras atraer una celebración de cumpleaños todos los días, acabo de un año son 365 y cada una de estas celebraciones consta de mínimo 3 personas, estamos hablando que haz perdido 1000 clientes como mínimo.

Si quieres atraer a los clientes que cumplen años a tu restaurante, necesitará dos cosas: un gancho de beneficios y experiencias, y campañas publicitarias eficaces en las redes sociales. El gancho del beneficio debe ser algo que distinga a tu restaurante de la competencia, como un postre gratuito con cada comida. En cuanto al gancho de la experiencia, es lo que hará que los clientes quieran volver a tu restaurante y recomendarlo a otros. Asegurate de ofrecer un excelente servicio al cliente, crear un ambiente divertido y festivo y ofrecer un menú que tenga algo para todos. Por último, asegúrese de que sus campañas publicitarias en las redes sociales estén bien orientadas y sean atractivas. Utiliza hashtags relevantes, publica fotos llamativas y organiza de vez en cuando concursos o sorteos. Siguiendo estos consejos, estarás seguro de atraer a muchos invitados a tu restaurante.

Te comparto algunas ofertas gancho que nos han funcionado bastante bien:

El cumpleañero come gratis en compañía de 3 personas o más.

El cumpleañero recibe una botella de vino o alcohol acompañado de 3 personas o más.

¿Por qué tres personas? ¿Por qué no cuatro? Bueno, la mayoría de la gente invita a sus padres y a tu pareja a un evento social. Veremos que la mayoría de la gente tiene un círculo cercano de al menos tres personas. Al juntar a cuatro personas, la mayoría de la gente puede no tener el número adecuado de personas para encajar. Tres es un número más manejable y permite una conversación más íntima. También permite conocer mejor a cada persona. Con cuatro personas, a menudo hay una persona que se siente excluida de la conversación. Tres es el número perfecto para un grupo de amigos muy unido.

Ahora también te comparto que dependiendo que tan bien este posicionada tu marca puedes poner una rebanada de pastel para el cumpleañero gratis y puede funcionar, pero esto solo nos ha funcionado bien en un numero muy limitado de restaurantes, porque la mayoría de los restaurantes no tienen un posicionamiento excelente en el mercado.

No todo son beneficios tangibles como los anteriores, también puedes ofrecer una experiencia única, como que todos los meseros le canten las mañanitas a tu cliente de una manera especial o ponerle un sombrero gracioso al cumpleañero, todo esto ademas de la experiencia, generara un marketing orgánico ya que la gente se vera tentada a tomar fotografías y video de la celebración.

Ahora muy bien ya tienes las 2 herramientas principales para poder generar una oferta de cumpleaños efectiva, sin embargo si quieres ir mas allá, te comparto tácticas mas avanzadas que hacemos nosotros con nuestro software.

1.- Guardar el nombre y la fecha de cumpleaños de las personas antes de que vayan a tu restaurante.
2.- Guardar email para poder contactar al cliente antes del día de tu cumpleaños.
3.- Mandar un email y/o un mensaje por messenger con un cupón de alguna promoción exclusiva para uso en el mes de tu cumpleaños.
4.- Poder medir las ventas de este sistema en tiempo real.
5.- Tener una base de datos de cumpleañeros para poder usar todos los años.

Todo esto y muchas otras funciones tienen nuestro software y lo mejor de todo es que funcionan de forma automática, no tendrías que cambiar nada en tu proceso ni agregar mas carga de trabajo, solo tienes que recibir a cumpleañeros en tu restaurante todos los días.

Ejemplo de cómo de forma automática 3 días antes de tu cumpleaños recibe un mensaje directo a tu Facebook Messenger, lo que hacer que aumenten los cumpleañeros y por lo tanto las ventas.

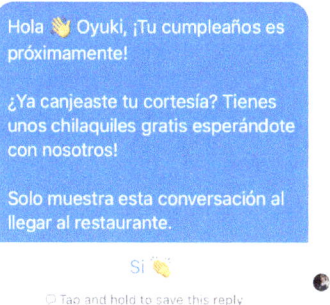

La herramienta psicológica del efecto rebaño

"La misma psicología que existe en el mundo físico también existe en el mundo digital"

El efecto rebaño es una poderosa arma psicológica que puede utilizarse para vender más y generar mayor fidelidad con los clientes. El efecto rebaño se produce cuando las personas se ajustan al comportamiento de los demás para sentir que pertenecen a él. Este deseo de pertenencia es una fuerte necesidad humana, y puede aprovecharse para convencer a la gente de que compre productos o servicios. Por ejemplo, si todo el mundo en el círculo social de una persona utiliza un determinado producto, es probable que esa persona quiera utilizarlo también. Del mismo modo, si un cliente ve que muchas otras personas utilizan una marca determinada, es más probable que él mismo compre esa marca. El efecto manada también puede utilizarse para fomentar la fidelidad de los clientes. Si alguien ve que todos sus amigos y familiares utilizan un determinado producto o servicio, es probable que se quede con ese producto o servicio, aunque haya alternativas más baratas o mejores. Si comprenden y aprovechan el efecto rebaño, las empresas pueden aumentar las ventas y establecer relaciones duraderas con los clientes.

Este efecto puede utilizarse tanto en el mundo digital (Redes sociales) o fisicamente en tu restaurante.

En el mundo digital, necesitamos atraer la mayor interacción posible con nuestra audiencia y nuestro restaurante, no sirve de mucho generar interacción de temas de actualidad si estos no envuelven de cierta manera a tu restaurante.

Una de formas mas fáciles de generar esta interacción en el mundo digital es hacer un GIVEAWAY, pero no cualquier giveaway, un giveaway al cual la gente sea imposible decir no... como por ejemplo recibir una pizza GRATIS todas las semanas durante un año, y a los que no recibieron la pizza gratis darles un 2x1, un día en especial en la semana.

De esta manera se cumplen dos cosas, una generas el efecto rebaño en Facebook, teniendo una super interacción y al momento de que sea el día des el 2x1 generas el mismo efecto pero fisicamente en tu restaurante provocando una fila; El objetivo principal de esta dinámica es crear un enlace emocional con tu cliente y con tu restaurante.

La anticipación de una recompensa es un poderoso motivador. Tanto si estamos esperando en la cola para tomar un café como si estamos en la cola de una montaña rusa, el hecho de saber que recibiremos el resultado deseado nos mantiene pacientes y comprometidos. Las investigaciones han demostrado que la anticipación de una recompensa activa los centros de placer del cerebro, liberando dopamina y otras sustancias químicas que nos hacen sentir bien. Esto ayuda a explicar por qué a menudo disfrutamos más de la anticipación de una recompensa que de la propia recompensa. La clave para que esto funcione para ti es encontrar algo que realmente disfrutes y esperes. Para algunas personas, puede ser un regalo especial al final de un largo día. Para otros, puede ser un día libre del trabajo para pasar tiempo con la familia o los amigos. Sea lo que sea, asegúrese de que es algo que puede conseguir de forma realista y que realmente va a disfrutar. Con un poco de planificación y esfuerzo, puede utilizar el poder de la anticipación para mejorar tu estado de ánimo.

Al momento de que la espere acabe y recibas tu premio o recompensa, tu cerebro va a liberar dopamina, la hormona de la felicidad, que es básicamente una droga, cuando pase esto, tus clientes abran establecido un lazo emocional con tu negocio.

Hay que considerar que la comida esta relacionada directamente con los sentimientos y la memoria.

"Uno siempre vuelve a donde amo la vida".

Ofertas que realmente funcionan

Una vez que haya decidido ofrecer una promoción o un descuento, es importante pensar detenidamente en los objetivos de la campaña. ¿Qué espera conseguir? ¿Más afluencia de público en los días lentos? ¿Un aumento de las ventas durante un periodo tradicionalmente lento? ¿Un mayor conocimiento de la marca? La respuesta a esta pregunta le ayudará a determinar los detalles de tu promoción. Por ejemplo, si quiere atraer a más clientes los martes, puede ofrecer un descuento en todas las compras realizadas ese día. O, si está intentando aumentar las ventas durante un periodo de baja actividad, podría ofrecer un porcentaje de descuento en todas las compras realizadas en un determinado periodo de tiempo. Tenga en cuenta sus objetivos a la hora de planificar sus promociones y será más probable que obtenga los resultados que busca.

Pero hay que tener cuidado con este tipo de ofertas ya que si muy probablemente obtengas algunos clientes extra ese día pero puede ser que los clientes que te visitaban en días normales dejen de ir y preferirán ir en los días de promoción.

La principal diferencia entre una oferta y una promoción es el efecto que tienen sobre el precio. Una oferta siempre tendrá como resultado un precio más bajo durante un tiempo limitado, mientras que una promoción proporcionará un incentivo para la compra, sin afectar necesariamente al precio. Esto significa que las promociones se utilizan a menudo para aumentar las ventas de productos que no se venden bien, mientras que las ofertas se utilizan más bien para liquidar las existencias de productos antiguos. Además, las ofertas se utilizan a menudo como líderes de pérdida, diseñados para atraer a los clientes a una tienda con la esperanza de que gasten más dinero en otros artículos. Las promociones, en cambio, se dirigen más bien a los clientes existentes, para animarles a comprar más de un producto concreto.

También otra promociones que he visto, son las promociones por días especiales, día del padre, día de la madre, día del niño.

Te propongo que te organices y hagas un calendario anual de días especiales para que te apalanques de estas fechas.

Ojo, estas fechas no te harán millonario o te harán vender todo lo que necesitas vender en el año, la idea de estas fechas es atraer a personas que no conocían tu restaurante y darles tan buen servicio para que se vuelvan frecuentes.

Para que estas promociones u ofertas sean realmente valiosas, es importante tener la mentalidad adecuada también, y saber que la idea no es tanto la venta si no la atracción de clientes nuevos, lo que la hará redituable será la retención de estos para que regresen de nuevo.

Por otro lado desde mi punto de vista, estas promociones por fecha son importantes para que marca madure y la gente sepa que estas al pendiente de las fechas importantes de la comunidad.

Pero por otro lado si quieres utilizar promociones u ofertas para vender más yo no las recomiendo como estrategia.
Según un estudio realizado por PNC Bank, los tres factores principales que hacen que los clientes vuelvan a un restaurante son la calidad de la comida, el valor y el servicio. Sin embargo, hay otra cosa que puede influir en la retención de clientes: los programas de recompensas. Ofrecer recompensas de fidelidad es una forma estupenda de animar a los clientes a seguir viniendo. Según mi experiencia, los restaurantes de éxito ofrecen algún tipo de programa de fidelización que proporciona a los clientes un descuento o un artículo gratuito tras un determinado número de visitas. Esto no sólo hace que los clientes vuelvan, sino que también crea un efecto de boca a boca y ayuda a construir la lealtad a la marca. Aunque hay muchos factores que contribuyen al éxito de un restaurante, los programas de recompensas son sin duda uno de los elementos clave.

Cuando se trata de fidelizar a los clientes, las empresas tienen diferentes opciones a la hora de ofrecer recompensas. Pueden ofrecer descuentos o promociones, que son esencialmente recortes de precios que cualquiera puede aprovechar. O pueden ofrecer recompensas, que son beneficios que los clientes pueden obtener al realizar determinadas acciones. A diferencia de una oferta o promoción, una recompensa tiene que ser ganada por el cliente porque ha realizado alguna acción, por lo que las recompensas son más atractivas porque ha tenido que hacer algún esfuerzo o dar algo a cambio para haber obtenido este beneficio. Esto no sólo hace que el cliente se sienta bien consigo mismo, sino que también crea un mayor sentimiento de lealtad hacia la empresa, ya que se siente recompensado por tu patrocinio. En resumen, las recompensas son una forma más eficaz de fidelizar a los clientes que las ofertas o las promociones.

Otra ventaja de tener recompensas a comparación de una promoción, es que las recompensas son personales, no son para todo el mundo, solo para la persona que se la gano, también es que la fecha limite de canjeo depende del día que la persona gano la recompensa a contrario de una promoción que tiene una fecha limite para todo mundo.

Cuando se trata de aprender a jugar al baloncesto, hay dos escuelas de pensamiento. Por un lado, están los profesionales, como Michael Jordan, que han perfeccionado sus habilidades. Por otro lado, están los aficionados, que quizá no sean tan hábiles, pero que pueden ofrecer ideas útiles. Entonces, ¿quién debería ser tu profesor?

No hay duda de que Michael Jordan es uno de los mejores jugadores de baloncesto de todos los tiempos. Ha ganado múltiples campeonatos y ha establecido numerosos récords. Si quieres aprender a jugar como un profesional, sin duda él es tu profesor. Sin embargo, los jugadores amateurs también pueden ser profesores beneficiosos. Puede que no tengan el mismo nivel de habilidad que Michael Jordan, pero aún así pueden ofrecer consejos y orientación útiles. Además, suelen estar más dispuestos a compartir sus conocimientos con los demás. En última instancia, la decisión de a quién escuchar se reduce a la preferencia personal. Si quieres aprender de los mejores, entonces elige a Michael Jordan.

Entonces investigando cuales son los restaurantes con mayor crecimiento en la ultima década, la mayoría tienen algo en común.
Tienen programas de recompensas activos y además anuncian estos programas todo el tiempo en redes sociales y en sus establecimientos.

Te dejo algunos ejemplos:

Beneficios de tener un Programa de Recompensas o Programa de Lealtad

Contar con un programa de recompensas puede contribuir enormemente al aumento de las ventas y la fidelización de clientes, tanto si tienes un negocio pequeño como si formas parte de una empresa de gran escala.

Los programas de recompensa proporcionan a los clientes adscritos descuentos, ofertas únicas, eventos exclusivos y puntos que pueden utilizarse de diversas maneras, contribuyendo a mejorar la **experiencia del cliente** a través del reconocimiento de tu compromiso con la marca.

Cuantas más actividades realicen los clientes para comprometerse con la marca, más puntos recibirán. Además, pueden obtener un mayor número de puntos al realizar pedidos de mayor valor.

Uno de los ejemplos más conocidos es el programa de recompensas de Starbucks, que en la actualidad representa mas de 8 millones de transacciones a la semana y cuenta con más de 12 millones de Gold Members en Estados Unidos.

¿Qué beneficios tiene un programa de recompensas?

Ofrecer productos gratuitos, descuentos y oportunidades de compra especiales a los clientes habituales demuestra que valoras tu compromiso y promueve que sigan contigo. Además de estos, algunos de los beneficiosa adicionales que puedes obtener al desarrollar un programa de recompensas son:

1. Aumentar la retención de clientes

El motivo principal de un programa de recompensas es lograr la retención de los clientes al recompensarlos por tu comportamiento de compra repetida. Con un programa de recompensas los clientes pueden tener un motivo sólido para que vuelvan a comprar con tu marca y establezcan hábitos de consumo.

2. Atraer a nuevos clientes

Sin duda, un buen programa de recompensas puede aumentar la recomendación de boca en boca acerca de los múltiples beneficios que trae adquirir tus productos o servicios, lo que contribuye a la atracción de nuevos clientes que están en busca de los mejores precios, calidad y servicio.

3. Obtener datos relevantes de los clientes

Cuando un cliente se inscribe en un programa de recompensas, los datos de los consumidores se registran en la base de datos de la empresa y pueden ser utilizados para realizar una **segmentación de clientes**, perfilando a los clientes más frecuentes y adaptando sus ofertas a grupos específicos de consumidores.

4. Conocer tendencias de consumo

Como estos datos, los programas de recompensa pueden ofrecer una visión más completa del comportamiento, los hábitos de compra y las preferencias de los clientes, y la empresa puede utilizar esta información para reforzar tu gestión de inventarios, la **fijación de precios** y la planificación de promociones.

Estos datos también permiten a los responsables de marketing medir los resultados de las promociones especiales en función de las compras adicionales, el uso de nuevos canales o la disminución del tiempo entre compras.

5. Incrementar el ticket promedio

Una empresa puede utilizar los datos recopilados para realizar ventas cruzadas y ventas adicionales. Por ejemplo, puede ofrecer garantías ampliadas tras la compra de un artículo, sugerir accesorios que vayan bien con el artículo comprado u ofrecer descuentos en compras relacionadas.

Además, el programa de recompensas puede aumentar también la demanda en las temporadas bajas, como puede ser un programa de recompensas de aerolíneas que sólo esté disponible en vuelos seleccionados durante temporadas de interés.

6. Reactivar a los clientes inactivos

Uno de los puntos menos considerados de los programas de recompensa es que permite a las empresas ofrecer incentivos para reactivar a esos clientes que llevan mucho tiempo sin comprar.

Al implementar un programa de recompensas, tendrás oportunidad de demostrar a tus clientes inactivos las novedades de tu menú y las promociones únicas que puedes brindarles para convertirnos en clientes frecuentes.

Te puede interesar: ¿Cuáles son los diferentes **tipos de programas de fidelización**?

¿Cómo crear un buen programa de recompensas?

A continuación te presentaremos algunas estrategias que puedes implementar en tu programa de recompensas:

1. Recompensas por inscripción

Crear una cuenta en el programa de recompensas es la primera actividad de los clientes que puede ser recompensada con puntos.

Mucha gente no suele querer utilizar tu información personal y de contacto para registrarse en un programa o simplemente les da pereza hacerlo. Por lo tanto, puede proporcionar puntos de recompensa como fuertes incentivos para que se registren al programa.

2. Recompensas en puntos por sus compras

Esta es una de las formas más comunes de recompensar es a través de un **sistema de puntos para clientes**, que prácticamente sigue un principio simple: gastar más para ganar más.

Al permitir que los compradores ganen puntos cada vez que hacen una compra, puedes incentivarlos a comprar más veces y aumentar el ticket promedio.

3. Recompensas por reseñas de los productos

Otra idea a tener en cuenta para el diseño de tu programa es permitir que los clientes acumulen puntos escribiendo reseñas de los productos adquiridos en tu sitio web, con lo que pueden tener acceso a un beneficio único.

4. Recompensar por actividades de recomendación

Un informe de Nielsen demostró que más del 90 % de los consumidores confían más en las sugerencias de amigos y familiares que en la publicidad. Es fácil convertir a tus clientes en un embajador de confianza de la marca al recompensarlos por recomendar a sus familiares y amigos tu tienda online.

Conoce: ¿Qué tanto te recomiendan tus clientes?

5. Recompensar por compartir en las redes sociales

Tu programa puede incluir puntos de recompensa a los clientes que compartan comentarios o imágenes de tus productos a través de redes sociales, con lo que además puedes atraer más tráfico orgánico a tu sitio web.

De esta forma, tú tienes una mayor posibilidad de convertir en ventas esa llegada de visitantes en línea y tus clientes obtienen más puntos para canjear por promociones especiales o descuentos.

6. Recompensas por encuestas

Una estrategia eficaz de programa de recompensas puede ser la aplicación de encuestas a clientes y ofrecer recompensas por contestarlas.

Este tipo de programa ha sido implementado ampliamente por cadenas de comida rápida, pues permiten que los clientes realicen una **encuesta online** para obtener recompensas ya sea en puntos, descuentos o productos gratuitos.

Todos estos beneficios los podrías tener en tu restaurante con Astral Restaurant Systems hemos instalado mas de 1500 programas de recompensas en todo el mundo, dándote el control total de la información de tus clientes y aumentando las ventas en tu restaurante.

Para agendar una asesoría gratuita y platicar al respecto:

www.astralrestaurants.com

El platillo estrella

En cuanto a una definición detallada **del plato estrella**, se tiene que es la especialidad del **restaurante**, aquel platillo que representa la principal oferta gastronómica, por la cual es famoso, reconocido y visitado tu negocio.
Al mismo tiempo el que contribuye a un fuerte margen de ganancia para tu restaurante.
Aquellos que visiten el establecimiento por primera vez, conocerán poco el menú. El plato estrella ayuda a tener una propuesta de valor atractiva sobre lo que sabes hacer.
Es una gran forma de brindar un grato momento a los clientes e incentivarlos a recomendar tu comida, en otras los platillos "Instagrameables"

Ayuda a correr la voz

Todo aquel que le guste comer bien, quiere compartir la experiencia. Por eso, las recomendaciones se convertirán en el mejor aliado de tu plato estrella. El objetivo es fidelizar a los clientes y que estos te recomienden con sus amigos.

Una buena publicidad es importante, el plato estrella debe destacar gracias a tu presentación y calidad. Para esto necesitas tomar unas excelentes fotografías que destaquen lo que lo hace especial.
La tecnología facilita el uso del sentido visual. Gracias a las redes sociales, podrás promocionar la oferta gastronómica del restaurante, sobre todo la especialidad de la casa. Este factor de comunicación es relevante a la hora de captar y causar interés de nueva clientela.

Hazlo el centro de atención de la carta

El plato estrella merece la máxima dedicación, muchos clientes acuden a tu restaurante exclusivamente para probarlo. Se debe posicionar en un lugar privilegiado del menú, para ello ten en cuenta:

- Indagar o contar con los servicios de un especialista en diseño de menús, a los fines de determinar el espacio ideal donde promocionarlo.
- Es importante que el menú solo contenga aquellos platos con los que quieres atraer la curiosidad del público. Puedes apoyarte publicando sus fotos, sin exceder las cantidades de las mismas.

¿Cómo crear tu plato estrella?

Es necesario analizar las características del negocio, encontrar esa especialidad infalible aprobada por los comensales. Por ello, se deben tomar en cuenta diversos factores relevantes como:

- El tipo de comida que se sirve en tu restaurante.
- Quién es el público objetivo.
- Cuáles platos suelen repetir los clientes.
- Trayectoria del establecimiento.
- La imagen con la que te vendes.
- Realizar combinaciones de platos con los ingredientes disponibles y someterlos a la aprobación del público.
- Tomar nota de los comentarios de la clientela y, de ser necesario, corregir los desaciertos.

Con la ayuda de estos consejos podrás analizar tu emprendimiento gastronómico y determinar aquellos platos estratégicos que conforman la oferta culinaria del restaurante. Esta información es útil para aplicar las fortalezas, minimizar las debilidades y aprovechar las oportunidades que te brinda el entorno, maximizando los ingresos del negocio.
Al tener clara la rentabilidad y popularidad de tus platos, tendrás la posibilidad de establecer el producto estrella del establecimiento, aquel por el cual los clientes

están dispuestos a visitarte para degustar y vivir una experiencia especial. ¿Estás listo para implementar estas recomendaciones?

En uno de mis viajes a la ciudad de México mientras paseaba con uno de mis amigos preguntamos a un transeúnte cual es el platillo más reconocido en la zona, por lo cual esta persona nos comentó que había una hamburguesa en la cual todo el mundo estaba hablando y que todas las personas que visitaban la ciudad de México iban a este lugar a conocerla.

Y esta hamburguesa se trataba de una hamburguesa que le llamaban la hamburguesa carajillo, el diferenciador más importante de esta hamburguesa Era que la servían con queso líquido y trocitos de tocino en la parte de arriba como lo muestro en la imagen de abajo.

El tener un platillo estrella en tu restaurante tiene que tener a varios factores, el factor de que sea un platillo exótico, el factor que sea un platillo único nunca antes visto, el factor de que tenga un nombre este platillo, el factor de que al momento de servirlo lo hagas de una manera tan diferente que el cliente utilice tu cámara para video grabar la forma en que lo sirves.

Actualmente los comensales están buscando de no solamente comer sino de vivir una experiencia y además vivir una experiencia buscan compartir esa experiencia en sus redes sociales ya que de esa manera pueden mostrar a sus amigos el estilo de vida que llevan, como prueba social.

La primera impresión lo es todo en el negocio de restaurantes. Por eso es tan importante tener un plato llamativo que haga que los clientes quieran volver a por más. El plato gancho es la forma perfecta de hacerlo. Debe ser único y delicioso, algo que realmente destaque entre la competencia. También es importante asegurarse de que el plato gancho sea asequible, para que los clientes puedan justificar tu regreso una y otra vez. Si consigues hacer todo esto bien, estarás en el camino del éxito.

A menudo se asume que el precio más bajo gana. Sin embargo, no siempre es así. De hecho, competir por el precio puede ser a menudo una receta para el desastre. No sólo tiene que preocuparse constantemente de que su competencia le rebaje el precio, sino que también tiene que lidiar con el hecho de que los clientes suelen equiparar los precios bajos con la baja calidad. Así que, a no ser que tenga una forma revolucionaria de reducir sus costes a una décima parte en comparación con su competencia, no compita por el precio. En su lugar, concéntrese en ofrecer un platillo diferente a un precio justo. Esto le ayudará a crear una base de clientes fieles y a obtener un buen margen de ventas.

Como diferenciarte de la competencia de manera efectiva

La gente ya no compra lo más barato, ni lo que tiene más calidad, la gente compra lo diferente.

En un mundo en el que cada vez hay más opciones, puede ser difícil destacar entre la multitud. En el pasado, las empresas podían arreglárselas ofreciendo el producto más barato o el de mejor calidad. Sin embargo, en el mercado actual, no basta con ser mediocre. Los consumidores buscan cada vez más productos diferentes, ya sea más sostenibles, más innovadores o simplemente más únicos. Por ello, las empresas deben centrarse en crear productos que ofrezcan algo nuevo y emocionante si quieren mantenerse por delante de la competencia. Afortunadamente, hay muchas maneras de conseguirlo. Pensando de forma diferente y adoptando la creatividad, las empresas pueden asegurarse de que sus productos destaquen sobre los demás.

Para poder sobresalir de tu competencia puedes hacerlo de 6 maneras:

1.- Seleccionar a un nicho específico
2.- Comunicación o marketing
3.- Producto
4.- Servicio
5.- Razón de ser
6.- Modelo de negocio

Muchas pequeñas empresas se ven atrapadas en la preocupación por tu competencia. Ven una empresa de éxito y piensan "tenemos que ser como ellos". Pero la verdad es que tu competencia no es tu mayor preocupación. Tu mayor preocupación debería ser la diferenciación. Tiene que encontrar la manera de hacerse único para que los clientes le perciban como diferente del resto. Si lo consigue, la gente estará dispuesta a pagar más por lo que usted ofrece. Así que, en lugar de preocuparse por la competencia, concéntrese en diferenciarse. Encuentre una forma de destacar entre la multitud y tendrá éxito.

Estamos en la época no solo de la diferenciación si no en la época de lo radicalmente sorprendente.

La forma de ser radicalmente disruptivo y separarte de la competencia es abarcar más 3 maneras que mencione en la parte de arriba.

Veamos cada una de las 6 maneras a detalle para saber en cual puedes comenzar:

1.- Seleccionar a un nicho especifico:

Como propietario de un restaurante, es importante pensar en cómo quiere ser percibido por sus clientes. Si se centra en un mercado específico, será mucho más fácil que le perciban de forma diferente. Por ejemplo, si se centra en el mercado familiar, puede ofrecer un ambiente relajado y cómodo tanto para padres como para niños. O, si se centra en el mercado de las comidas de negocios, puede ofrecer un ambiente más formal con un servicio rápido y una comida excelente. En cualquier caso, si adapta tu restaurante a un mercado específico, podrá diferenciarse de la competencia y atraer nuevos clientes.

Por ejemplo comencemos desde lo macro hasta lo micro:

Comida Casual

Comida Casual Mexicana

Comida Casual Mexicana Vegana

Entre mi producto y mi nicho se encuentre más pequeño, aumentara nuestro valor.

Cuando se trata de restaurantes, la tendencia parece ser hacia establecimientos cada vez más grandes. Sin embargo, los restaurantes más pequeños e íntimos siguen teniendo mucho valor. Por un lado, los clientes suelen estar dispuestos a pagar más por una experiencia gastronómica más exclusiva. Además, a los restaurantes más pequeños les resulta más fácil fidelizar a sus clientes. Al ser más personales e íntimos, los clientes tienden a sentir una mayor conexión con los restaurantes pequeños. Por ello, es más probable que vuelvan, aunque haya restaurantes más grandes y lujosos cerca. Al final, el viejo adagio es cierto: las cosas buenas vienen en envases pequeños.

2.- Comunicación o marketing:

Tesla aventó uno de sus carros a la luna por ejemplo, eso es marketing diferente.

Las técnicas de marketing de Tesla son ciertamente únicas. Por ejemplo, ¿a quién más se le ocurriría lanzar uno de sus coches a la luna? Los restaurantes suelen utilizar métodos más convencionales para publicitar tu negocio, como anuncios en prensa y televisión, publicaciones en redes sociales y el boca a boca. Sin embargo, el innovador enfoque de marketing de Tesla puede ser justo lo que se necesita para destacar en el competitivo mercado actual. Pensando de forma innovadora, Tesla es capaz de captar la atención de los clientes potenciales y crear un revuelo en torno a sus productos. En un mundo en el que casi todo se ha hecho antes, las estrategias de marketing poco convencionales de Tesla pueden ser justo lo que se necesita para triunfar.

Hay muchos restaurantes. ¿Cómo se diferencia uno? Podrían hacer vídeos de forma divertida, hacer un menú específico petfriendly, ¿cómo te diferencias? ¿Sigues publicando comida como todo el mundo o realmente diferencias tu marketing? Si los restaurantes quieren destacar, tienen que ser creativos. Ser creativos no sólo con la comida que sirven, sino también con la forma en que se comercializan. Las posibilidades son infinitas y los restaurantes que realmente se diferencian son los que triunfan en el mercado actual. Así que pregúntese: ¿cómo puede hacer que tu restaurante sea único? ¿Qué puede hacer para que la gente quiera ir a tu restaurante en lugar de a cualquier otro? Sea creativo y empiece a pensar de forma innovadora.

Inventa nuevas maneras de promocionar a tu restaurante para que te perciban realmente diferente.

3.- Producto

los restaurantes tienen que ser diferentes de todos los demás. Tienen que ofrecer algo que no ofrezcan los demás restaurantes para destacar y tener éxito. Por ejemplo, un restaurante puede centrarse en la comida sana, mientras que otro puede centrarse en la comida casera tradicional. Sea cual sea la especialidad, es importante que los restaurantes ofrezcan algo único que atraiga a los clientes. De lo contrario, sólo serán una opción más entre muchas otras, y será difícil competir. Así que si está pensando en abrir un restaurante, asegúrese de tener una buena estrategia para destacar entre la multitud. De lo contrario, puede que acabe vendiendo donas como todo el mundo.

Me encontré con estas donas en puebla que tienen diseño de Talavera, miren toda la interacción que genero una foto:

Donas de Talavera Veracruz

Esta foto se compartió más de 17,969 en menos de 24 horas.

4.- Servicio

En el competitivo mercado actual, los restaurantes tienen que hacer todo lo posible para destacar entre la multitud. Una forma importante de hacerlo es ofrecer un excelente servicio al cliente. Hay muchas pequeñas formas de marcar una gran diferencia en la forma de atender a los clientes. Por ejemplo, en Starbucks se saluda a los clientes por tu nombre cuando piden tu bebida. Este toque personal hace que el cliente se sienta valorado y apreciado, y ayuda a crear una relación positiva entre el cliente y la empresa. Pequeños detalles como éste pueden marcar una gran diferencia en la percepción que los clientes tienen de tu empresa. Si ofrece un excelente servicio al cliente, no sólo mantendrá contentos a sus clientes actuales, sino que también atraerá nuevos clientes.

En otro restaurante en Japón los meseros están vestidos de personajes de anime, lo que provoca bastante interés.

En un restaurante que visite en la CDMX sirve los capuchinos de esta manera:

5.- Razón de ser

Mucha gente elige los restaurantes en función de la calidad de la comida. Quieren saber que van a obtener una buena comida por tu dinero. Sin embargo, hay otros factores que pueden influir en el lugar donde se come. Por ejemplo, los restaurantes que devuelven a la comunidad pueden ser atractivos para mucha gente. Toms es una marca que hace esto. Cuando compras un par de zapatos, donan un par de zapatos a alguien que los necesita. Este tipo de retribución puede hacer que un restaurante se distinga de otros de la zona. Y puede atraer a los clientes que buscan apoyar una buena causa. Así que, si se pregunta por qué los restaurantes hacen lo que hacen, tenga en cuenta que no siempre se trata sólo de la comida. También hay otros factores en juego.

los restaurantes prosperan con los clientes. Eso es un hecho. Pero lo que los restaurantes no saben es que los clientes necesitan una razón para visitarlos. Necesitan sentir que están obteniendo algo de la experiencia que no pueden obtener en ningún otro lugar. Puede ser el ambiente, el servicio o incluso la comida. Pero sea lo que sea, los restaurantes tienen que encontrar la manera de destacar entre la multitud. De lo contrario, sólo serán una opción más para los clientes que buscan una buena comida. Y en el competitivo mercado actual, los restaurantes no pueden permitirse ser menos que los mejores.

6.- Modelo de negocio

Con la llegada de las nuevas tecnologías, la forma de vivir y hacer negocios ha cambiado drásticamente. El modelo tradicional de negocio ya no es la única forma de tener éxito. Ahora hay varias formas de cobrar por los bienes y servicios, y una de las más populares es la economía colaborativa. En la economía colaborativa, empresas como Uber, Airbnb y Rappi cobran por el acceso a sus servicios, en lugar de por el bien o servicio en sí. Este nuevo modelo de negocio tiene una serie de ventajas. En primer lugar, permite a las empresas escalar de forma rápida y eficiente. En segundo lugar, ayuda a crear un mundo más conectado, ya que las personas pueden compartir recursos y habilidades más fácilmente. Por último, permite a las empresas acceder a nuevos mercados y grupos demográficos que antes eran inalcanzables. La economía colaborativa ha llegado para quedarse y está cambiando nuestra forma de vivir y hacer negocios. Los restaurantes ya no pueden confiar en el modelo tradicional de cobrar por tu comida. Deben encontrar nuevas formas de cobrar por sus servicios para tener éxito. los restaurantes que no adopten la economía colaborativa pronto se quedarán atrás.

Diferencias entre Marketing y Branding

Es importante definir estos conceptos ya que mucha gente suele confundirlos, pero es importante diferenciarlos para poder utilizarlos de manera efectiva.

Ahora, que sean diferentes no significa que uno sea más importante que el otro, pero él detalle es que la mayoría solemos confundir los conceptos y mezclarlos lo que nos hace muy ineficientes en la etapa de planeación y ejecución.

Branding: El Porque
¿Por que existimos?
¿Por qué la gente nos presta atención?
¿Qué nos hace diferentes?

Marketing: El Como
¿Cómo progresamos?
¿Cómo medimos el progreso?
¿Cómo obtenemos y optimizamos resultados?

Branding: Largo plazo
¿Cuál es nuestra visión?
¿Como seremos disruptivos en el mercado?
¿Qué impacto a largo plazo tendremos?

Marketing: Corto plazo
¿Cómo obtendremos ventas?
¿Cómo haremos que nuestro mensaje sea escuchado?
¿Qué herramientas utilizaremos para hacerlo?

Branding: Macro
¿Cuales son nuestras creencias?
¿Cuál es nuestra cultura?
¿Cuál es nuestra voz?

Marketing: Micro
¿Que software utilizaremos?
¿Cuales son los pasos a seguir?
¿Quién nos ayudara a conseguirlo?

Branding: La trayectoria
¿Hacia dónde nos dirigimos?
¿Por qué nos queremos dirigir ahí?
¿Cuál es la intención de esta meta?

Marketing: Las tácticas
¿Qué es una meta medible?
¿Cuándo debemos de cumplir estas metas?
¿Cuál es el presupuesto que se tiene?

Branding: La lealtad
¿Por qué la gente conecta con nuestra marca?
¿Qué podemos hacer para deleitar a nuestros clientes?
¿Qué inspira a nuestros clientes?

Marketing: La respuesta
¿Cómo obtenemos más ventas?
¿Cómo generamos más visitas?
¿Cómo aumentamos bases de datos?

Branding: Crea valor
¿A quién le estamos hablando?,
¿Qué valor podemos ofrecer?
¿Qué impacto tendrá en la vida de nuestros clientes?

Marketing: Extrae el valor

¿Cuánta gente respondió?
¿Como incrementamos el engagement?
¿Cómo nos ayuda la información?

El branding sin el marketing es prácticamente un jarrón lleno de miel sin la cuchara para extraerla.
Una marca reconocible es esencial para cualquier negocio, pero sólo es una pieza del rompecabezas. Para que los clientes acudan a tu restaurante, tienen que ser conscientes de tu existencia, y ahí es donde entra en juego el marketing. Aunque un logotipo bien diseñado o un nombre llamativo pueden ayudar a atraer la atención, en última instancia son los esfuerzos de marketing los que determinan el éxito de un restaurante. Utilizando varios canales para promocionar tu marca, los restaurantes pueden llegar a un amplio público y animarlo a probar tu negocio. sin el marketing, incluso la marca más prometedora no alcanzará todo tu potencial.

El sistema que desarrollamos para restaurantes es una de esas herramientas con las cuales sacamos toda la miel que el branding ha formado.

Lo que suele pasar en un 80% de las ocasiones es que la mayoría de los restaurantes solo tienen una de las dos cosas, o tienen bastante branding pero no tienen marketing o tienen bastante marketing pero no tienen branding.

En cualquiera de los 2 escenarios ambos restaurantes lograrían sobrevivir, sin embargo jamás llegaran al top 3% de los restaurantes mas redituables del mercado.

¿En cuál se encuentra débil tu restaurante?

Cuando se trata del éxito de un restaurante, el secreto es llenar nuestra marca de cosas intangibles y luego transmutar todo esto en algo tangible, como nuevos clientes, ventas y crecimiento. Los intangibles son lo que nos hace especiales y únicos: nuestra personalidad, actitud, ambiente, espíritu de equipo, etc. Una vez que los tenemos, es más fácil convertirlos en los elementos tangibles que necesitamos para tener éxito. Por ejemplo, si tenemos un gran espíritu de equipo, eso se reflejará en la forma en que interactuamos con los clientes y les hacemos sentir bienvenidos. Esto se traducirá en más ventas y crecimiento para nuestro negocio.

Así que si quieres crear una marca de restaurante de éxito, recuerda centrarte primero en los intangibles.

Antes de que lo olvide te comparto este error que todavía muchos comenten al invertir en publicidad para atraer clientes nuevos.
INVERTIR EN ESPECTACULARES

"¿Apostarías en un caballo que no sabes cómo corre?, entonces, ¿por qué inviertes en espectaculares?"

Básicamente estas tirando dinero a la basura, en cuestión restaurantera esto es una de las peores inversiones que puedes hacer.

Déjame te digo por que:

1.- En primer lugar la inversión que tendrás que hacer es alta en comparación a otras inversiones en publicidad que te pueden generar métricas, va desde los 2,000 USD mensuales como mínimo.

Los restaurantes suelen tener dificultades para saber cuántas personas acuden a su restaurante debido a que vieron un espectacular. Sin embargo, hay algunas formas de medir esta cifra. Por ejemplo, los restaurantes pueden hacer un seguimiento del número de reservas que se hacen en línea o por teléfono, si que ese teléfono solo lo mencionan en ese espectacular.

También pueden observar el número de personas que mencionan el espectacular en alguna encuesta de calidad. Por último, los restaurantes pueden preguntar directamente a los clientes cómo han conocido el restaurante. Al hacer un seguimiento de estas cifras, los restaurantes pueden tener una mejor idea de la eficacia de tu publicidad y hacer los ajustes pertinentes.

Al no saber si que lo estas invirtiendo se devolviendo a tu cuenta de banco, esta inversión se convierte en una apuesta, no apuestes el futuro de tu restaurante.

2.- Segundo, supongamos que pongas tu espectacular en una zona donde transitan bastantes personas, y la persona ve la foto que tanto te esmeraste en hacer y sea una de las mejores fotos que tengas, ¿crees que de un momento a otro esa persona tomara acción en entrara a tu restaurante lo antes posible? No lo creo y si es así, ¿cómo lo mides?

3.- El no poder hacer pruebas para saber cual fotografía tiene mejor rendimiento de conversión, pones una foto hoy de un desayuno, mañana pon de una cena, pasado mañana de la comida, hacer estos experimentos en la vida real es prácticamente imposible cada mes y aparte volvemos al cuello de botella, ¿como lo mides?

4.- Vivimos en un mundo que hay miles de distracciones todos los días, ves algo o te atrae algo y un segundo después ya olvidaste lo que viste, Un espectacular es exactamente eso, lo vez por un segundo y a los segundos ya estas pensando en otra cosa.

5.- La falta de segmentar a tu publico es otro de los problemas, la falta de poner controlar y segmentar tu trafico, medir resultados, etc.

Acomodo de comensales correcto

En una ocasión platicando con uno de mis clientes en su restaurante, llegamos a la conclusión de que como todos ya sabemos: gente atrae más gente.

Sin embargo, en su restaurante tenía una terraza y del otro lado de la acera tenia la otra área del restaurante, en temporada de frio la gente llegaba y entraba por obvias razones a la parte cerrada del restaurante, sin embargo como en la parte de afuera no había gente, llegaba un momento en que no se llenaba el restaurante por que la gente pensaba que estaba vacío.

Hicimos un pequeño y sencillo cambio para llenar el restaurante, en primer lugar pusimos calefactores en la parte de la terraza para que fuera más cómodo estar sentado en la parte de afuera.

Y en segundo lugar, ofrecimos bebidas de cortesía a las primeras personas que gustaran sentarse en la terraza. Para que de esta manera siempre hubiera gente a la vista y esta gente atrajera mas gente.

Esta técnica es muy sencilla y no requiere de presupuesto, solo un poco lógica e imaginación, cuando caminas por la calle y vez un restaurante lleno, te llama la atención.

Cuando vas por la calle y ves un restaurante lleno, te llama la atención. La lógica es muy sencilla: si las primeras personas que entran se sientan en los mejores sitios, tendrán una buena experiencia y se lo contarán a sus amigos, que vendrán a visitar el restaurante. Y así sucesivamente. Por supuesto, esto no significa que deba regalar todas sus mejores mesas a desconocidos; siempre puede sentar a sus clientes habituales en los mejores sitios. Pero si quiere atraer a nuevos clientes, merece la pena considerarlo.

Una de las formas de generar mas clientes con efecto bola de nieve, simple, sencilla y orgánica.

Tus primeros clientes que tengas en tu restaurante acomódalos en un lugar donde sean visibles.

A qué me refiero con esto, es que debes de acomodarlos en la terraza, o cerca de la ventana, esto se hace debido a que la gente entra a lugares llenos no a lugares vacíos.

Práctica esto todos los días y acumula clientes por rebote, puedes aplicarla desde el día de hoy.

Publicidad Orgánica y no tan Orgánica.

La publicidad de los restaurantes puede ser un asunto complicado y caro. Quieres llegar al mayor número posible de clientes potenciales, pero no quieres gastar una fortuna en marketing. Una de las formas más orgánicas y eficaces de conseguir publicidad "gratuita" es que tus clientes compartan tu comida en las redes sociales. En el mundo actual, la gente hace constantemente fotos de sus comidas y las comparte con sus amigos. Si tu comida es deliciosa y digna de Instagram, puedes ganar rápidamente seguidores simplemente con que la gente comparta tus platos con sus seguidores. Por supuesto, esto no ocurrirá si tu comida no está a la altura, así que asegúrate de centrarte en la calidad ante todo. Pero si puedes crear platos realmente apetecibles, puede que las redes sociales hagan la publicidad por ti.

Hay dos formas y por eso comento, una orgánica y una no tan orgánica.

Orgánica

Incentivar a los clientes a compartir una historia o una fotografía en tu muro a cambio de alguna recompensa, esta publicidad es una de las mas efectivas, ya cada uno de tus clientes tiene probablemente mas de 1,000 amigos en sus redes sociales, si van 20 clientes por día, haz la matemática.

No tan Orgánica (Influencers, Bloggers, Artículos Web)

los restaurantes tienen mucho potencial en el mundo de las redes sociales. Con la ayuda de los influencers, los restaurantes pueden llegar a un público más amplio y promocionar tu marca. Sin embargo, es importante recordar que no todos los influencers son iguales. Mientras que algunos influenciadores pueden tener un gran número de seguidores, no necesariamente se encuentran en tu mercado objetivo. Por ello, es importante seleccionar a los influencers con cuidado para asegurarse de que pueden llegar a tu público objetivo. Además, los restaurantes deberían considerar el uso de varios influenciadores para maximizar tu alcance. De este modo, los restaurantes pueden asegurarse de llegar al mayor número posible de clientes potenciales.

Te recomiendo pedir estadísticas del publico que manejan en sus redes sociales para saber si la segmentación que manejan podría ser benéfica para ti, estas estadísticas las tienen dentro de tu Instagram personal.

Si estos influencers te llegan a cobrar por sus servicios podrías llegar a un acuerdo y pagar en base a comisión, puedes generar una oferta única para el influencer y manejar una comisión por cada cliente que llegue por tu parte.

El arma más poderosa de marketing para restaurantes

La "USP" por sus siglas en ingles Unique Selling Proposition, La propuesta única de valor es la llave a la bóveda del marketing en general para atracción de clientes nuevos.

La USP o propuesta única de valor es la manera en la cual tu restaurante es diferente a todos los demás restaurantes de competencia directa e indirectos actuales o inclusive nunca jamas imaginados.

El USP es el diferenciador que te hace especial, ya sea el servicio, los elementos únicos de tu menú, sus precios bajos o tu decoración y ambiente originales. Sea lo que sea, es algo que los clientes no obtienen con ningún otro restaurante en tu área de servicio. Es lo que hace que sigan regresando.

Para tener éxito, los restaurantes tienen que ofrecer algo que los diferencie de la competencia. Esta propuesta de valor única puede ser la forma en que se anuncian, el tipo de comida qué sirven o la experiencia que ofrecen.

Por ejemplo, Subway, en Estados Unidos, realizó una campaña en la que utilizó la historia de una persona llamada Jared Fogle para mostrar cómo había perdido 111 kg cambiando tu dieta de comida rápida por la dieta Subway. Esta campaña tuvo éxito porque mostró a los clientes potenciales que Subway podía ofrecer una alternativa más saludable que otros restaurantes de comida rápida. Para crear una campaña publicitaria de éxito, los restaurantes tienen que encontrar una forma de destacar entre la multitud y mostrar a los clientes potenciales lo que les hace únicos.

Los restaurantes se asocian desde hace mucho tiempo con una alimentación poco saludable. las hamburguesas grasientas, las patatas fritas y los batidos tienen poco valor nutritivo y pueden provocar un aumento de peso. sin embargo, en los últimos años, los restaurantes han empezado a ofrecer opciones más saludables. uno de ellos es Subway. La campaña publicitaria de Subway se ha centrado en el hecho de que tu comida puede ayudar a la gente a perder peso. la dieta de Subway, combinada con muchas caminatas, supuestamente funcionó para Jared. aunque los restaurantes no dicen que tu comida sea para todo el mundo, están empezando a ofrecer opciones más saludables para aquellos que quieren perder peso.

En tu publicidad manejaban la siguiente frase: "La dieta Subway, combinada con caminar mucho, funcionó para Jared. No estamos diciendo que esto sea para todos. Debe consultar con tu médico antes de comenzar cualquier programa de dieta. Pero funcionó para Jared".

Otro USP y tal vez el más conocido ocurrió en 1960 cuando un joven llamado Tom Monaghan se le ocurrió una USP que revolucionaria la industria y lo volvería multimillonario. Primero, tu pequeño negocio dominaría el mercado local. Luego, rápidamente tu estado, luego EU y luego el mundo.

La USP correcta correcta con el mensaje correcto te puede llevar a conquistar el mundo.Tu USP fue: "Fresh, hot pizza delivered in 30 minutes or less guaranteed.", "Si tu pizza no llega en menos de 30 minutos es gratis"

10 palabras brillantes, incorporando 2 beneficios, la manera genial de especificar la entrega dentro de los 30 minutos, no "rápido" o "pronto", sino precisamente en treinta minutos, y una garantía.

Esta USP pasó a la historia de la publicidad, pero impulsó el crecimiento de un imperio y frustró completamente a los competidores, grandes y pequeños. De hecho, en tu apogeo, jugaba a la asociación de palabras con las personas y les pedía que dijeran lo primero que les viniera a la mente cuando dije "pizza", y 85 de cada 100 dijeron: "Domino's".

Como escribir tu USP

¿Quién es tu cliente? Define tu nicho

Cuando se trata de restaurantes, hay todo tipo de clientes diferentes. Algunos buscan una experiencia gastronómica informal, mientras que otros pueden buscar algo más exclusivo. Del mismo modo, algunas personas pueden buscar un tipo de cocina específico, mientras que otras sólo buscan una buena comida. Por ello, es importante definir tu nicho y saber quién es tu cliente. De este modo, podrá asegurarse de ofrecerles la experiencia gastronómica que buscan. Tanto si se trata de un acogedor local de barrio como de un elegante restaurante de alta cocina, si sabe quién es tu cliente, podrá darle exactamente lo que busca.

¿Cuales son tus beneficios? Usas ingredientes orgánicos, veganos, etc

¿Que te hace diferente de tu competencia? Puedes pedir desde una aplicación, tienes un programa de recompensas, te comunicas por distintos canales de comunicación.

El cliente suele haber muchas opciones entre las que elegir. Entonces, ¿qué hace que sus restaurantes se diferencien de sus competidores? Para empezar, se puede hacer un pedido desde una aplicación, lo que resulta cómodo para las personas ocupadas que se desplazan. También tienes un programa de recompensas que ofrece a los clientes fieles descuentos y regalos. Por último, te comunicas a través de diferentes canales, como las redes sociales, el correo electrónico y los mensajes de texto, para mantener a tus clientes al día de las últimas ofertas y promociones. Al ofrecer estas características y ventajas exclusivas, da a los clientes una razón para elegir sus restaurantes en lugar de otros.

¿Puedes cuantificar tú USP? Tienes alguna garantía en tiempo de entrega

Comienza ahora y crea tu propia USP en tu restaurante, utilízala como tu nuevo arpón de ventas.

Pagina Web generadora de clientes

¿Sabias que una de las razones principales por las cuales un cliente decide ir o no ir a tu restaurante es tu pagina web?

El 77% de los clientes entran a tu pagina web antes de tomar una decisión de ir a comer a tu restaurante.

La decisión de un cliente de cenar en un determinado restaurante suele basarse en muchos factores, como la calidad de la comida, el precio de los platos y el ambiente del comedor. Sin embargo, uno de los factores más importantes a la hora de decidir si comer en un restaurante concreto es tu página web. En la era digital actual, los clientes suelen utilizar el sitio web de un restaurante como primer punto de contacto con el negocio. Por ello, es esencial que los restaurantes tengan un sitio web atractivo y fácil de usar que refleje con precisión la experiencia gastronómica que ofrecen. Un sitio web bien diseñado puede ayudar a atraer a los clientes y aumentar los beneficios, mientras que un sitio web mal diseñado puede disuadir a los posibles comensales y hacer que se pierdan ingresos. Por tanto, los restaurantes que quieran tener éxito en el mercado actual deben invertir en un sitio web que cause una buena primera impresión a los clientes potenciales.

30% de los comensales se desanimaron de ir al restaurante debido a que la pagina estaba desactualizada y vieja.

Invierte en que tu pagina esté propiamente optimizada para versión móvil, mas del 85% de las personas te encontraran a través directamente de tu teléfono celular.

Un estudio reciente muestra que más del 85% de las personas encuentran restaurantes a través de tu teléfono móvil. Esto significa que si el sitio web de tu restaurante no está correctamente optimizado para móviles, está perdiendo muchos clientes potenciales. No sólo tiene que asegurarse de que tu sitio web se vea bien en una pantalla pequeña, sino también de que sea fácil de navegar y de que la función de búsqueda funcione bien. Además, hay que asegurarse de que el menú y la información de contacto se muestren de forma destacada. Si invierte en la optimización para móviles, podrá llegar a más clientes y aumentar sus posibilidades de éxito.

Cualquiera que haya intentado encontrar un restaurante en Internet sabe lo frustrante que puede ser hacer clic en un sitio web para descubrir que la información está obsoleta o que el sitio es lento y difícil de navegar. Para no ahuyentar a los clientes potenciales, es importante asegurarse de que el sitio web de tu restaurante esté actualizado y sea fácil de usar. He aquí siete errores comunes que hay que evitar

1. No poner la información de contacto en un lugar destacado de la página de inicio

2. Ocultar el menú tras demasiados clics

3. Utilizar fotos de mala calidad o poco atractivas

4. Presentar solo fotos de comida sin personas

5. No hacer que el sitio sea apto para móviles

6. Tener un sitio web de carga lenta

7. Publicar información obsoleta, como menús antiguos o eventos que ya han pasado

Si tienes cuidado de evitar estos errores comunes, puedes asegurarse de que el sitio web de tu restaurante sea un activo.

2

COMO RETENER MAS CLIENTES

"El 80% de las ventas en tu restaurante provienen del 20% de tus clientes (Los clientes recurrentes)"

- David G.

Cuesta mucho más atraer a nuevos clientes que mantener a los existentes. En el caso de los restaurantes, esto es especialmente cierto, ya que los gastos generales de explotación de un negocio de comida son relativamente altos. Por ello, los propietarios de restaurantes deberían centrarse en retener a sus clientes más valiosos. Los estudios han demostrado que alrededor del 80% de las ventas de un restaurante provienen de sólo el 20% de sus clientes. En otras palabras, los clientes recurrentes son cruciales para los resultados de un restaurante. Hay varias formas de hacer que los clientes vuelvan, como ofrecer premios de fidelidad o descuentos. Sea cual sea el enfoque, los restaurantes deben asegurarse de que hacen todo lo posible para que sus clientes más valiosos vuelvan.

Solo imagina que del día 1 hasta el día de hoy hubieras podido retener a todos los clientes que te han visitado, ¿Con cuantos clientes contarías al día de hoy?

Cada vez se vuelve más y más difícil retener a los clientes, solo pocos restaurantes se llevan la parte mas grande del pastel, de hecho volviendo a la ley de paretto, solo el 20% de los restaurantes atiende al 80% de los clientes, en este caso pudiera ser inclusive 15-85%.

Y cada vez se vuelve más difícil debido a la competencia, al crecimiento de mercado, también a que el cliente es cada vez es mas selectivo debido a todas las opciones y por lo tanto al haber más opciones el comensal se vuelve más exigente.

Entonces, ya sabemos que para retener a los clientes debemos de tener 3 cosas, buen servicio, buena comida y buena atmósfera.

Vivimos en la epoca más complicada para realizar la primera venta, pero también vivimos en la epoca más sencilla en la historia para realizar la segunda venta.

Cuando se trata de restaurantes, vivimos tanto los mejores como los peores tiempos. Por un lado, hay más opciones que nunca, lo que puede dificultar que se destaque entre la multitud. Además, los clientes son cada vez más conocedores de la comida y la nutrición, lo que significa que los restaurantes tienen que trabajar duro para ganarse tu negocio. Por otro lado, también vivimos en la era de las redes sociales y las reseñas en línea, lo que proporciona a los restaurantes una poderosa herramienta para comercializar tu negocio y atraer a nuevos clientes. En otras palabras, aunque sea difícil hacer esa primera venta, es más fácil que nunca hacer la segunda. Recuerda que está operando en un mercado altamente competitivo. Pero con un poco de trabajo duro y algo de marketing creativo, puedes tener bastante éxito.

Te comparto algunos datos interesantes que te harán replantear tus prioridades.

- Aumentar el 5% en la retención de tus clientes incrementara tus ganancias entre un 25% y 125% . (Bain and Company Hardvard Business Review)

- La probabilidad de vender otra cosa a un cliente ya existente es de 60% a un 70%, mientras la probabilidad de vender algo a nuevos prospectos es de entre un 5 a un 20%. (Marketing Metrics, a Think tank)

- Restaurantes que priorizan la experiencia del cliente generan más de 60% en ganancias que sus competidores.

Las verdaderas ganancias y el crecimiento duradero en tu negocio se encuentra solamente mejorando la relación con tus clientes actuales. Nada puede maximizar más la retención de tus cliente y aumentar las ganancias que esto.

Mi única y más sencilla recomendación es que comiences a almacenar información de tus clientes.

Como generar una base de datos de forma sencilla

Como propietario de un restaurante, una de las cosas más importantes que puedes hacer es empezar a almacenar información sobre sus clientes. Esto puede parecer una tarea desalentadora, pero hay algunas formas sencillas de empezar. En primer lugar, puede crear una base de datos de clientes. Esto puede ser tan simple como una hoja de cálculo que incluya información básica como nombres, direcciones y números de teléfono. También puedes empezar a recoger las opiniones de los clientes mediante encuestas o tarjetas de comentarios. Estos comentarios pueden utilizarse para mejorar tus restaurantes y satisfacer mejor las necesidades de tus clientes. Siguiendo estos sencillos pasos, puedes empezar a construir un valioso almacén de información sobre tus clientes que te ayudará a atender mejor sus necesidades.

Antes de comenzar con esta capitulo, me gustaría compartirte la siguiente anécdota, en una ocasión dando una asesoría con un restaurante bastante reconocido a nivel mundial, le pregunte al director operativo y al director de marketing lo siguiente: ¿Tienen ustedes bases de datos de sus clientes? Por lo cual me comentaron, que tenían bastantes seguidores.

Como dato interesante, tener seguidores en las redes sociales no es tener una base de datos. Puedes tener 100.000 seguidores en Twitter, por ejemplo, pero eso no significa que tengas 100.000 clientes potenciales. Cuando los restaurantes hacen marketing directo a través de Twitter o Facebook, no se dirigen a todos sus seguidores, sino a las personas que se han inscrito para recibir mensajes suyos. Otras empresas utilizan las plataformas de redes sociales para crear una base de datos de clientes potenciales mediante concursos y ofertas. Al requerir que la gente les siga o les guste para participar, las empresas pueden crear rápidamente una lista de personas que han expresado tu interés en sus productos o servicios.

Aunque tener un gran número de seguidores puede ser impresionante, es más importante centrarse en crear una base de datos de calidad de clientes potenciales.

Tener seguidores en redes sociales no es tener una base de datos.

Por ultimo me comentaron que sí tenían una base de datos de las personas que habían reservado por una plataforma.

Les pregunte, Y ¿Cómo utilizan esta base de datos? Por lo que me contestaron que no la usaban.

Como otro dato interesante, tener una base de datos y no usarla, es igual a no tener una base de datos.

Una base de datos sólo es útil si se utiliza. Esto es especialmente cierto para los restaurantes. Una base de datos para restaurantes puede ayudar a hacer un seguimiento de los pedidos de los clientes, sus preferencias y tu información de contacto. También puede utilizarse para gestionar el inventario y la programación del personal. Sin embargo, si el propietario de un restaurante no se toma la molestia de actualizar y mantener tu base de datos, ésta quedará rápidamente obsoleta e inexacta. En algunos casos, puede ser mejor no tener una base de datos en absoluto. Esto puede parecer contradictorio, pero una base de datos obsoleta puede hacer más daño que bien. Si el propietario de un restaurante no está dispuesto a mantener tu base de datos actualizada, es mejor que no la tenga.

¿Por qué es importante contar con una base de datos de tus clientes?

Veras, tener bases de datos no es lo más importante, lo más importante es mejorar la relación con tus clientes, para que estos te recomienden y acudan con mayor regularidad.

Los restaurantes viven o mueren por sus clientes. Los clientes satisfechos contarán a sus amigos tu buena experiencia, recomendarán el restaurante a otros y volverán para repetir. Los clientes insatisfechos harán lo contrario: advertirán a los demás de que se mantengan alejados y hablarán mal del restaurante a cualquiera que les escuche. Evidentemente, a un restaurante le interesa cultivar clientes satisfechos. La mejor manera de hacerlo es mediante un buen servicio al cliente. Esto significa algo más que tomar los pedidos y entregar la comida. Significa asegurarse de que cada cliente se sienta valorado e importante. Significa ir más allá para asegurarse de que cada persona tenga una experiencia positiva de principio a fin. En resumen, los restaurantes deben centrarse en crear relaciones con sus clientes. Porque, al fin y al cabo, eso es lo que realmente importa.

La base de datos es la herramienta para que esto suceda.

¿QUIEN TE VISITO EL DÍA DE HOY EN TU RESTAURANTE?

Al momento que entra un cliente a tu restaurante y termina tu visita, ¿cómo te puedes contactar con este cliente al día siguiente? Una vez que este cliente sale de tu restaurante no hay forma de que puedas contactarle de nuevo ya que no tienes sus datos.

Si quieres ponerse en contacto con un cliente que ha visitado tu restaurante, la mejor manera de hacerlo es pedirle sus datos de contacto cuando esté pagando o cuando se encuentre en tu restaurante.

De este modo, tendrá sus datos a mano y podrá hacer un seguimiento al día siguiente. También puede utilizar otros métodos para intentar contactar con los clientes, como las redes sociales. Sin embargo, estos métodos pueden ser menos eficaces, ya que es posible que no tenga la información de contacto correcta del cliente. La mejor manera de asegurarse de que puede ponerse en contacto con un cliente después de tu visita es pedirle tu información de contacto cuando esté ingrese a WIFI.

Restaurantes como Starbucks y Mcdonalds, captan datos de sus clientes de diferentes maneras, en el caso de Starbucks cuando te quieres conectar por primera vez a tu WIFI.

Cuando entras en un Starbucks o en un McDonalds, lo primero que te llama la atención es el Wi-Fi gratuito. Lo que quizá no sepa es que, para conectarse a la red Wi-Fi, tiene que facilitar algunos datos personales, como tu nombre y tu dirección de correo electrónico. Esto puede parecer un pequeño precio a pagar por el Wi-Fi gratuito, pero da a estos restaurantes una forma de capturar datos de sus clientes. Pueden utilizar estos datos para rastrear el comportamiento y las preferencias de los clientes, e incluso para orientar los anuncios y las promociones. En algunos casos, los restaurantes pueden vender estos datos a terceros. Aunque proporcionar tu información a los restaurantes tiene algunas ventajas, es importante ser consciente de cómo pueden utilizarse tus datos.

Los restaurantes han estado luchando para mantenerse al día con la competencia. Como respuesta, recientemente lanzamos una campaña publicitaria en los restaurantes McDonalds en la que recogimos nombres, correos electrónicos e información de WhatsApp de los clientes a través de anuncios de Facebook e Instagram. Esto nos ha permitido estar en contacto con nuestros clientes y construir una mejor relación con ellos. Como resultado, hemos visto un aumento en las ventas y en la repetición de negocios. Ahora estamos planeando lanzar una campaña similar en otros restaurantes para continuar con este impulso. Gracias a esta nueva estrategia de marketing, estamos seguros de que podremos mejorar nuestros resultados y mantener contentos a nuestros clientes.

Dependiendo el giro del restaurante se puede tropicalizar la forma en la cual adquieres los datos de los clientes, tengo clientes restaurantes tanto de alta gama y restaurantes de casuales, restaurantes de una sola locación y marcas de cientos de restaurantes, no importa, se puede hacer algo hecho a la medida dependiendo de tu marca, para más info: www.astralrestaurants.com

Por ejemplo en otro restaurante de alta gama invitamos a pertenecer a los clientes a un Club VIP donde escanean un código QR impreso en una pieza de madera en laser con el cual mandamos al cliente a un registro de tu email.

¿TIENES BASES DE DATOS DE TUS CLIENTES? ¿LE DAS EL USO ADECUADO? (AUTOMATICAMENTE)

"El tamaño de tu base de datos determinara el futuro de tu negocio, pero el uso de ella determinara el futuro de tu marca."

Un número creciente de restaurantes está llegando a la conclusión de que los métodos tradicionales de marketing ya no son tan eficaces como antes. En el pasado, los restaurantes invertían mucho en publicidad, tanto para atraer a nuevos clientes como para que los existentes volvieran. Sin embargo, los consumidores de hoy en día se resisten más que nunca a la publicidad y, en tu lugar, confían más en las recomendaciones de boca en boca de amigos y familiares. Por ello, muchos restaurantes están recurriendo a estrategias de marketing alternativas que se centran en crear una base de datos de clientes fieles.

Una de las principales ventajas de este enfoque es que ayuda a fidelizar a los clientes. Al invertir en actividades que mantengan a tu base de clientes activa y comprometida, es más probable que cree un grupo de clientes que serán fieles a tu marca durante años. Además, este enfoque es mucho más rentable que los métodos de marketing tradicionales. En lugar de gastar dinero en publicidad que puede o no llegar a tu público objetivo, los restaurantes pueden invertir tu presupuesto en actividades que garantizan la participación de tu mercado objetivo. A largo plazo, es probable que este enfoque tenga mucho más éxito que confiar en la visibilidad o en los seguidores de las redes sociales.

Los restaurantes del futuro no invierten dinero en visibilidad, ni en likes, ni en seguidores, estos invierten tu presupuesto en crear bases de datos y mantener esta base de datos activa.

¿Cómo lo hacen?

App

Los restaurantes de la nueva epoca dependen en gran medida de las bases de datos para hacer un seguimiento a los clientes. Una base de datos bien diseñada puede marcar una diferencia significativa en los resultados de un restaurante. Sin embargo, crear una base de datos puede ser una tarea costosa, y muchos restaurantes optan por no trabajar con desarrolladores de aplicaciones para crear aplicaciones personalizadas que satisfagan sus necesidades específicas.

Esta puede ser la opción más cara, te explico por que:

1.- Desarrollo de aplicación

El desarrollar una aplicación para tu restaurante puede llegar a costar entre 15,000 USD y 30,000 dependiendo las características.

2.- El costo de descarga de aplicación ¿cuanto te va a costar en marketing que un cliente descargue tu aplicación en tu celular?

3.- ¿Cuanto te va a costar mantener tu aplicación en el teléfono de tu usuario?

4.- ¿Costos de mantenimiento, actualizaciones en la aplicación, seguridad?

Si estás publicando anuncios en Facebook para conseguir "Me gusta", en realidad no estás acumulando clientes. Los estás alquilando. Y tu crecimiento se basa en algo que en Estados Unidos llamamos "esperar y rezar"

Lo que quieres son restaurantes que se basen en una base de datos de clientes potenciales. Una base de datos a la que puedas llegar una y otra vez, independientemente de que Facebook siga siendo popular o no.

La mejor manera de conseguir esa base de datos es a través del marketing por correo electrónico. Puedes captar direcciones de correo electrónico a través de anuncios de Facebook, por ejemplo, ofreciendo un descuento o algún otro incentivo para que la gente se inscriba en tu lista de correo. Una vez que tengas tu dirección de correo electrónico, serás el dueño de ese cliente (o al menos tendrás el potencial de serlo), independientemente de lo que ocurra con Facebook.

Así que si no estás haciendo email marketing, empieza ahora. Es la mejor manera de asegurar el crecimiento a largo plazo de tu restaurante, sin tener que depender de la esperanza y el rezo"

Hoy te visitaron tal vez 100 personas, pregúntate si sabes quienes son esas personas, ¿tienes forma de comunicarte con esas personas una vez que salgan de tu restaurante? Y si tienes la forma, ¿qué tan regularmente los contactas? ¿Implica tiempo del personal al hacer esto?

Como mandar emails a tus clientes para atraerlos a tu restaurante

No es ningún secreto que los restaurantes son uno de los negocios más rentables del mundo. Y una de sus mayores ventajas es el correo electrónico. Con el correo electrónico, los restaurantes pueden comunicarse directamente con sus clientes, promocionando nuevos elementos del menú, ofertas especiales y eventos. Es más, el correo electrónico es una forma extremadamente rentable de llegar a una gran audiencia. En 2019, había 3.900 millones de usuarios de correo electrónico en todo el mundo, y se espera que esa cifra solo crezca en los próximos años. Así que si aún no estás utilizando el correo electrónico para comercializar tu restaurante, ahora es el momento de empezar. Con unos simples mensajes, puedes aumentar tus beneficios y hacer crecer tu negocio como nunca antes.

(Statista, 2019)

Para el 2024 se prevé que abra 4.48 billones de usuarios. (Statista, 2019).

Si la única manera en la que te estás comunicando con tus clientes es por medio de redes sociales estas básicamente tirando los dardos con los ojos cerrados.

Supongamos que hagas un anuncio a travez de tus paginas, ¿sabias que solo un 9% de todos tus seguidores verán ese anuncio?

Ahora muchos de tus seguidores tal vez ni siquiera han pisado tu restaurante este reduce tu alcance de comunicación otro 70%, lo que significa de cada 100 personas solo 2 personas habrán ido a tu restaurante y realmente serán tus clientes.

Ahora por que la gente te prestaría atención a ti, en una ciudad de 1 millón de habitantes hay alrededor de 500 restaurantes que publican activamente en redes sociales.

Por lo tanto es de vital importancia en primer lugar tener un medio de comunicación extra y directo con tus clientes, la forma mas sutil seria algún correo electrónico.

La atención al cliente es fundamental. Por lo tanto, es de vital importancia disponer en primer lugar de un medio de comunicación extra y directo con sus clientes. La forma más sutil sería un correo electrónico. De este modo, puede informar a sus clientes de cualquier cambio o actualización de tu restaurante, así como de las ofertas o promociones que pueda realizar. Además, una lista de correos electrónicos le ofrece una forma directa de llegar a sus clientes, lo que puede ser muy valioso para mantener y hacer crecer tu negocio. Por supuesto, hay otras maneras de comunicarse con sus clientes, pero una lista de correo electrónico es definitivamente una herramienta valiosa que cualquier restaurante debe tener.

Temas que puedes usar para el contenido de tus correos electrónicos:

1.- Platillos de temporada
2.- La historia de tu restaurante

3.- Fotos de tu deliciosa comida

4.- Cual es tu platillo estrella

5.- Eventos

6.- Fechas especiales

7.- Promociones de temporadas, de cumpleaños 8.- Aviso de apertura de nuevas sucursales, etc.

El correo electrónico es una forma estupenda de conectar con sus clientes y promocionar tu negocio. Cuando se trata de restaurantes, hay una serie de temas que puede utilizar para el contenido de tu correo electrónico para ayudar a atraer a sus lectores. Los platos de temporada son siempre los favoritos, y destacar la historia de tu restaurante puede dar a los clientes una sensación de conexión con tu establecimiento. Las fotos de la deliciosa comida seguro que seducen a las papilas gustativas, mientras que la promoción de los platos estrella puede ayudar a los clientes a decidir qué pedir en tu próxima visita. También puede utilizar el correo electrónico para promocionar eventos o fechas especiales, como promociones de temporada o cumpleaños. Y, por supuesto, informar a sus lectores de la apertura de nuevas sucursales. Si utiliza el correo electrónico de forma eficaz, podrá mantenerse en contacto con sus clientes y hacer que vuelvan a por más.

Temas sobran… comunicante con tu cliente, nadie se enamora de quien no conoce.

ENVIAR EMAILS PERSONALIZADOS

"Si no llamas a tu cliente por tu nombre no llamaras tu atención"

Si alguna vez ha dirigido un restaurante, sabe lo importante que es mantener a sus clientes contentos. Trabajas duro para ofrecerles la mejor comida y el mejor servicio posible, y a cambio ellos siguen viniendo. ¿Pero qué pasaría si hubiera una forma de llegar a más clientes y hacerlos pasar por sus puertas?

Ahí es donde entra en juego el marketing por correo electrónico. Cada día, empresas de todo el mundo envían correos electrónicos a sus bases de datos, de los cuales sólo el 10% de los usuarios abren sus correos si no vienen con el nombre del remitente. Al personalizar sus correos electrónicos con el nombre del cliente, puede aumentar sus tasas de apertura hasta en un 30%. Eso significa más clientes entrando por sus puertas y más negocio para usted. Así que la próxima vez que envíe una campaña de correo electrónico, asegúrese de incluir el nombre del cliente en la línea de asunto. Podría ser la diferencia entre una campaña exitosa y una que no tenga éxito.

Si quieres aumentar la apertura de tus correos un 200% es importante que cada correo contenga mínimo el nombre del cliente, ósea que este personalizado y hecho para el usuario que recibirá tu correo.

Dato interesante:

Según "Campaing Monitor" para aumentar la apertura de tus correos en un 200%, personaliza tus correos con el nombre de la persona.

Herramientas que puedes utilizar: Active Campaign, Mailchimp

ENVIAR CORREOS EN HORARIOS EFECTIVOS

¿Cómo saber cuales son los horarios efectivos en los cuales enviar los correos?

Hay que ponernos en los zapatos de los usuarios y saber cuál es el propósito final de enviar los correos.

Al final el propósito final de enviar correos es conseguir visitas en nuestros restaurantes, por lo tanto la idea es mandar estos correos cuando los usuarios van a tomar una decisión de donde comer,

Horarios Efectivos:

11 am y 1 pm o 4pm y 6 pm, si son desayunos puede ser 7am y 8 am.

Enviar mensajes de correo electrónico a los clientes potenciales puede parecer mucho trabajo, pero puede ser realmente rentable para los restaurantes. La razón es que no hay muchos restaurantes que lo hagan. Por lo tanto, si se toma el tiempo de enviar correos electrónicos a las personas de tu mercado objetivo, se destacará realmente de la competencia. Además, es una forma estupenda de establecer relaciones con clientes potenciales. Apreciarán el toque personal, y usted será el primero en la mente cuando estén listos para comer fuera. Por supuesto, cuesta un poco de esfuerzo empezar, pero al final merecerá la pena.

INCREMENTAR LA FRECUENCIA DE VISITAS

Ahora que tienes a tu cliente sentado en la mesa, es momento de proveer un experiencia inolvidable que convierta tu restaurante en un lugar al cual quieras regresar más de una vez.

Provee un ágil y un servicio a prueba de errores

Los restaurantes, ya sean establecimientos de alta cocina o más informales, dependen del trabajo en equipo para garantizar que sus clientes tengan una experiencia positiva. Uno de los aspectos más importantes de este trabajo en equipo es la comunicación. Los meseros deben ser capaces de tomar los pedidos con precisión y transmitirlos al personal de cocina en el momento oportuno. Si hay un malentendido y el personal de cocina se equivoca al tomar un pedido o lo interpreta de forma incorrecta, puede provocar la irritación del cliente, que se queda esperando tu comida. En algunos casos, esto puede incluso suponer una pérdida de negocio si el cliente se cansa de esperar y decide marcharse. Por este motivo, es fundamental que los restaurantes cuenten con sistemas y procedimientos para garantizar que los pedidos se toman correctamente y que cualquier malentendido se rectifica rápidamente.

Uno de los errores mas comunes es tomar el pedido de manera errónea por el mesero o leído mal por el personal de cocina, generando irritación en los clientes por el retraso del pedido del cliente. Para evitar situaciones cómo está, mas del 80% de los restaurantes en USA tienen un sistema punto de venta, que ayuda a controla al 100% las ordenes y tener una comunicación efectiva con la cocina y hace que el proceso de pago sea mas efectivo, garantizando el servicio a prueba de error y la satisfacción del cliente.

<u>Crea la experiencia del cliente mas interactiva.</u>

Una forma de sorprender a tus clientes para enriquecer tu estancia en tu restaurante, es por ejemplo tener un menú digital el cual puede ser configurado en diferentes idiomas (Si es que sirves en algún lugar turístico) y el cliente puede ver fotografías en alta definición lo que hará que tu comida sea más apetecible.

Además de esto podrías tener instalado un programa de lealtad como el que nosotros proveemos para nuestros clientes en Astral Restaurant Systems, que generara lealtad con tus clientes y tu comenzarás a generar una base de datos de ellos.

Platillos para retener a clientes todo el año

"Sorprende a tus clientes y mantenlos a la espera de tus platillos de temporada"

Aunque ya habíamos hablado de este tema en el capitulo anterior, crear platillos de temporada también ayuda a retener a los clientes.

Como propietario o gerente de un restaurante, es importante mantener a sus clientes comprometidos con tu marca. Una forma de hacerlo es sorprenderlos con nuevos platos de temporada. Por ejemplo, puede ofrecer un plato especial para El mes patrio, el Día de los muertos, Navidad o San Valentín. Esto dará a sus clientes algo que esperar y les ayudará a conectar con tu restaurante a un nivel más profundo. Además, es una forma estupenda de promocionar tu negocio e impulsar las ventas durante estas fechas tan señaladas. Así que si buscas una forma de hacer que sus clientes vuelvan, considera la posibilidad de sorprenderlos con nuevos platos de temporada.

Tener planeados estos platillo durante el año mantendrá a tus clientes al pendiente de tu restaurante.

Cuando se trata de restaurantes, el "upselling" es una práctica habitual. Se trata de vender platos que tienen un precio más elevado que otros elementos del menú. ¿Por qué? Porque estos platos suelen considerarse más especiales o merecedores de un precio más elevado. De este modo, los restaurantes pueden ganar más dinero vendiendo más productos a sus clientes. Esta práctica también puede beneficiar al cliente, ya que puede disfrutar de una experiencia gastronómica más lujosa. Por supuesto, no todos los restaurantes se dedican a la venta adicional, pero es algo que hay que tener en cuenta a la hora de decidir dónde comer. Al fin y al cabo, ¿a quién no le gusta conseguir una buena oferta en una comida deliciosa?

Una vez que tengas los platillos coordinados, te recomiendo publicar estos artículos 15 días antes del lanzamiento, esto ayudara a que tus clientes también interactúan en tus redes y te llevara nuevos clientes a tu restaurante.

No tengas miedo en experimentar para ver que te funciona mejor.

Te muestro algunos ejemplos que utiliza Starbucks en tu restaurante en Halloween:

Como lidiar con clientes molestos

"Un cliente molesto puede convertirse en tu mas leal cliente si sabes cómo recompensarlo."

Los restaurantes pueden tener siempre a los clásicos clientes molestos. Ya sea la persona que devuelve tu comida cinco veces o la que siempre se queja del nivel de ruido, estos clientes pueden hacer la vida difícil al personal del restaurante. Sin embargo, es importante recordar que incluso el cliente más molesto puede convertirse en el más leal si se le sabe recompensar. Un simple gesto, como un postre de cortesía o un descuento en tu próxima visita, puede contribuir en gran medida a ganárselos. Por supuesto, no todos los clientes se dejarán convencer tan fácilmente. Pero sí está dispuesto a esforzarse, es posible que incluso sus clientes más molestos se conviertan en sus mayores fans.

Hace un par de días visite un restaurante "fine dining" en otras palabras un restaurante de lujo. Cuando visitas este tipo de restaurantes estas esperando la mejor atención, la mejor comida y la mejor atmósfera posible debido al alto precio, sin embargo esta debería la meta de cualquier restaurante.

Sin embargo esto no fue así, el servicio fue muy pobre ya que no estuvieron atentos con nuestro servicio, por cual llame al capitán de meseros para darle mi retroalimentación, el escucho con atención pero a pesar de todo no tomo ninguna acción al respecto por lo cual me fui con un mal sabor de boca y jamás recomendaría este restaurante a nadie.

¿Cuántas personas como yo han pasado por la misma situación? Si tienes un cliente como yo todos los días al cabo de una año tendrás un grupo de clientes molestos andando por ahí, hablando mal de tu restaurante.

<u>La solución</u>

"Escuchar a tu cliente no es toda la solución"

1.- Entrena a tus meseros y gerentes para que sepan cómo lidiar con los clientes molestos.

Puede que un día les encante tu comida y al siguiente desprecien por completo tu establecimiento. Sin embargo, hay algunos clientes que son más difíciles de complacer que otros. Estos son los clientes que siempre se quejan, nunca están satisfechos y se apresuran a señalar cualquier defecto en tu servicio. Aunque puede ser tentador decirles simplemente qué se vayan a otro sitio, es importante recordar que pueden tener un impacto negativo en la reputación de tu restaurante. Por eso es importante formar a los meseros y gerentes sobre cómo tratar a los clientes molestos. Si les enseña a calmar las situaciones tensas y a disipar las quejas de los clientes, se asegurará de que tu restaurante siga funcionando sin problemas, incluso cuando se trate de los clientes más difíciles.

2.- Escuchar, tomar acciones.

El gerente debe escuchar al cliente e inmediatamente tomar acciones.

TIP Extra:

Por ultimo hubiera dado una pequeña cortesía debido a la mala atención, muchas veces los clientes molestos no buscan solo un par de palabras, sino algo tangible, por ejemplo una bebida para los comensales o un postre, con esta ligera cortesía la actitud del cliente molesto, podría virar 360 grados y en lugar de irse molesto se hubiera ido totalmente complacido.

Un dicho popular en el mundo de los negocios es "el cliente siempre tiene la razón" Aunque no siempre sea así, es importante tratar siempre a los clientes con respeto. En el sector restaurantero, un cliente disgustado puede difundir rápidamente un boca a boca negativo, lo que puede costarle un valioso negocio. En lugar de dejar que un cliente insatisfecho se vaya de tu restaurante, tómese el tiempo necesario para escuchar sus preocupaciones y tratarlas como corresponde. Si demuestra que está dispuesto a hacer un esfuerzo adicional para resolver un problema, puede convertir una experiencia negativa en una positiva. Al final, recuerde que los clientes satisfechos son la clave del éxito de un restaurante.

3

COMO AUMENTAR LA CUENTA PROMEDIO

"Invierte en tus clientes y ellos también invertirán en ti."

- David G.

Los tickets promedios son una medida que representa el gasto medio de un cliente en un momento dado. Es una métrica muy utilizada por los restaurantes como medida de control para entender las ventas y el promedio de ventas por comensal.

Esta fórmula te ayuda a determinar el precio medio ofertado. Las tarifas promedio nos permiten comprender cómo gastan los clientes en promedio y, en base a esos datos, crear menús con precios similares a las tarifas promedio (determinando el precio promedio que ofrecerá un restaurante)

Si esta cifra es inferior al costo promedio de todos los elementos del menú (la suma del precio de cada plato y bebida dividida por el número total de elementos), significa que los comensales están gastando menos de lo esperado, promedio o menos de lo esperado, y en el corto o mediano plazo en el interior, tu restaurante puede cerrar. En este artículo te mostraremos también como tu software para cafetería y tu software para restaurantes te pueden ayudar con el cálculo de esta fórmula, contribuyendo a tus conocimientos de cómo administrar un restaurante.

Saber cual es tu ticket promedio cada mes te permitirá evaluar mejor tu negocio de las siguientes maneras:

- Te ayudan a entender mejor quién es el empleado que más vende, o recomienda más productos fuera de un menú predeterminado, fomentando el consumo extra.

- Te permiten crear un menú teniendo en cuenta la demanda por cada platillo y de la cantidad que cada cliente está dispuesto a gastar.

- Te ayudan a analizar los tiempos de servicio y de preparación, permitiéndote crear platillos con costos más reducidos para aumentar tus ganancias.

La lógica detrás de esto es simple: cada vez que un negocio logra vender más a un cliente, tu ticket promedio aumenta. Así, podrás aumentar el valor de las ventas al tener los mismos clientes que ya te han comprado y te son fieles de alguna manera. Es por eso que es muy util saber cómo sacar ticket promedio.

Para calcular el ticket promedio, existen dos fórmulas que se usan con frecuencia. O bien dividir la facturación total de la empresa durante un período por tus ventas durante ese período, o se puede calcular dividiendo la suma de las ventas por el número de clientes que compraron durante ese período. Recuerda que es esencial que sepas cómo hacer un inventario para un restaurante antes de empezar a trabajar con la fórmula de ticket promedio.

Ticket promedio fórmula

Facturación en bruto / Volumen total de ventas = Ticket promedio

Total ($) de ventas / Número total de clientes = Ticket promedio

Entre otras acciones de marketing podemos definir qué platillos tendrán más posibilidades de ser vendidos y cuales requieren de un mayor esfuerzo de venta, ya que nuestro cliente promedio está o no consumiendo por esos importes de dinero. Por ejemplo, si mi cliente promedio consume unos $50 por visita, venderle un platillo de $200 será casi imposible.

En resumen, conocer el ticket medio te ayudará a lograr que tu cliente consuma más, pero por sobre todo mejor dentro de tu restaurante.

Te comparto aquí algunas estrategias:

1.- Crea programas de fidelización

Los programas de fidelización funcionan bien porque hacen que sus clientes se sientan especiales y alientan las visitas repetidas. Al atraerlos a estos programas de recompensas y otros beneficios exclusivos, estarán dispuestos a gastar más para obtener estas recompensas.

Los restaurantes utilizan los programas de fidelización para hacer que sus clientes se sientan especiales y animarles a seguir viniendo. Al ofrecer ventajas exclusivas, como descuentos y recompensas, los restaurantes pueden atraer a clientes fieles que están dispuestos a gastar más para obtener esas ventajas. Aunque algunas personas pueden tener dudas a la hora de inscribirse en un programa de fidelización, lo cierto es que estos programas pueden ser muy valiosos tanto para las empresas como para los clientes. En el caso de las empresas, los programas de fidelización ayudan a fomentar la fidelidad a la marca y a repetir el negocio. Para los clientes, los programas de fidelización pueden ofrecer un ahorro significativo en sus restaurantes favoritos. Con tantas ventajas, no es de extrañar que los restaurantes recurran cada vez más a los programas de fidelización para impulsar el negocio.

2.- La entrega gratis con repartos a domicilio

Ofrecer la entrega a domicilio gratis cuando el cliente gasta un mínimo en el pedido es una buena manera de aumentar el ticket. Muchas personas siempre tratarán de alcanzar este mínimo para ahorrar en costos de servicio y comprarán más de lo que inicialmente pensaron, elevando el precio promedio del ticket.

Los restaurantes ofrecen cada vez más la entrega gratuita a domicilio cuando el cliente gasta una cantidad mínima en el pedido. Mucha gente siempre intentará llegar a este mínimo para ahorrarse los costes del servicio y comprará más de lo que pensaba inicialmente, elevando el precio medio del ticket. Esto anima a los clientes a visitar el restaurante más a menudo y a gastar más dinero cuando lo hacen, aumentando los beneficios para el negocio. También ayuda a fidelizar la marca, ya que es más probable que los clientes vuelvan a un restaurante que ofrece entrega gratuita. En un mercado tan competitivo como el actual, los restaurantes tienen que encontrar formas de destacar entre la multitud, y la entrega gratuita es una forma de hacerlo.

3.- Usa imágenes que cautivan

El uso de imágenes, en moderación, permite a los clientes crear imágenes rápidas y decisivas. Hay que tener en cuenta que la foto que pongamos en el menú o pizarra será la que definirá las expectativas del cliente, por lo que tiene que ser lo más auténtica, atractiva y detallada posible.

Una vez leí que al momento de que buscas ahorrar comienzas a perder, en lugar de pensar en ahorrar en costos operativos, comida, marketing, mejor invierte en cómo mantener a tus clientes cautivos.

Pensar en cómo generar mas ventas sin pensar en buscar como ahorrar permitirá no caciquear a tus clientes, tus clientes lo saben inmediatamente cuando van a tu restaurante y buscas ahorrar.

No busques ahorrar, busca cómo generar más. Algunas formas:

- Botellas de vino
  - Extras (Queso, entradas, mas porciones)
  - Bebidas con café
  - Mercancía con tu marca
  - Eventos sociales
  - Productos primarios (Carne, Café en grano, salsas)

Muchos restaurantes se centran en ahorrar dinero para generar más beneficios. Sin embargo, ésta no es siempre la estrategia más eficaz. Hay varias formas en que los restaurantes pueden generar más ingresos sin recortar gastos. Por ejemplo, los restaurantes pueden cobrar por extras como el queso, los aperitivos y las raciones adicionales. También pueden vender productos de marca, como tazas de café y camisetas. Además, los restaurantes pueden organizar eventos sociales como catas de vino y clases de cocina. Si se centran en generar más ingresos, los restaurantes pueden mejorar sus resultados sin comprometer la calidad de tu producto o servicio.

Como contratar a los mejores meseros

"Si tienes meseros y no vendedores, es como tener campesinos y no guerreros para ganar la batalla."

Los restaurantes son negocios, y como cualquier otro negocio, necesitan hacer ventas para mantenerse a flote. Las personas que trabajan en los restaurantes desempeñan un papel fundamental en este proceso, y los meseros no son una excepción. En contra de la creencia popular, los meseros no están simplemente para servir comida y bebida; también son responsables de promocionar los platos del menú del restaurante y convencer a los clientes para que compren. En otras palabras, son vendedores. Y como cualquier buen vendedor, un buen mesero sabe leer a los clientes, identificar sus necesidades y cerrar el trato. La próxima vez que salgas a comer, tomate un momento para apreciar el duro trabajo de tu mesero. Puede que no lleven traje y corbata, pero trabajan tan duro como cualquier otro vendedor.

Déjame te hago una pregunta ¿Quienes son las personas encargadas que la cuenta promedio aumente?

Ahora que tienes a las personas sentadas en tu restaurantes, ¿Quién se encarga de aumentar las ventas? Culpamos al equipo de marketing por las ventas, cuando las ventas realmente las generan son nuestros meseros.

Si no tienes un equipo de batalla entrenado y con las armas adecuadas para la batalla, adivina qué, perderás la guerra.

Es de vital importancia que las personas que tengas al frente de tu negocio sepan cómo vender y los premies por sus ventas de alguna manera para motivarlos a continuar.

Cuando entras en un restaurante, lo primero que notas es el ambiente. ¿Es ruidoso o tranquilo? ¿concurrido o vacío? Luego, tus ojos se centran en la persona que te atenderá durante la próxima hora: tu mesero. Puede que no pienses mucho en ellos, pero los meseros tienen mucha responsabilidad. Deben conocer el menú al dedillo, ser capaces de hacer recomendaciones y atender cualquier petición de dieta especial. Pero, sobre todo, tienen que ser capaces de ofrecer un buen servicio al cliente. Uno de los aspectos más importantes de la atención al cliente es simplemente saber el nombre de la persona a la que se atiende. Puede parecer una minucia, pero llamar a alguien por tu nombre demuestra que te preocupas por él como individuo. Es una señal de respeto que puede marcar la diferencia a la hora de que alguien disfrute o no de tu comida.

Una de las armas mas eficientes del mesero es saber el nombre del cliente y llamarlo con respeto por tu nombre, es muy diferente que digan: "Pásele a tu mesa" a "Por aquí señor David, sígame"

¿Y te dirás oye pero como encuentro a estos meseros vendedores? Pues si son buenos créeme que ahorita ya están en algún restaurante, es tu deber como dueño de negocio visitar otros restaurantes y reclutar guerreros que ganen batallas.

¿Oye pero como los jalo a que trabajen para mí? En primer lugar deberíamos de preguntarnos si tenemos los clientes suficientes para que estos meseros estrellas ganen lo suficiente.

Pero como ya aprendimos las maneras de generar clientes y retenerlos en el capitulo anterior por lo tanto es solo ponerlo en practica.

Meseros entrenados igual a más ventas

Ya tienes sentado a tu clientes en la mesa, entrena a tus meseros con las siguientes técnicas:

1.- Enseña a tus meseros a enfocarse en el cliente indeciso, al estar indeciso puedes ofrecer platillos más redituables, capitaliza tú indecisión.

El cliente promedio de un restaurante es indeciso. En un estudio realizado con 1.000 comensales, el 74% dijo que le resultaba difícil decidirse a la hora de pedir un menú. Esto supone una oportunidad para que los restaurantes aprovechen la indecisión de sus clientes enseñando a los meseros a centrarse en la venta de platos más rentables.

Los restaurantes pueden hacerlo mediante la ingeniería de menús, que es el proceso de diseñar menús para influir en las decisiones de pedido de los clientes. Al entender la psicología del cliente, los restaurantes pueden crear menús que animen a los comensales a pedir platos más rentables para el negocio. Por ejemplo, los restaurantes pueden utilizar un lenguaje descriptivo para hacer que los platos parezcan más atractivos, destacar las especialidades y los platos populares y agrupar los platos para animar a los clientes a pedir varios. Con estas técnicas, los restaurantes pueden aumentar las ventas y los beneficios sin subir los precios.

2.- Entrena a tus meseros para que puedan recomendar bebidas para acompañar sus alimentos, son pocos los meseros que se atreven a recomendar un maridaje, es por eso la importancia de entrenar a los meseros a que sepan que vinos recomendar, una buena recomendación no solamente aumentara la cuenta promedio, si no que el cliente se ira satisfecho.

Conocimiento del producto: si no saben qué venden, difícilmente podrán vender más.

¿Cómo pueden describir los productos de una manera más apetitosa tus meseros?

los restaurantes siempre buscan formas de aumentar las ventas y aumentar la satisfacción de los clientes. Una forma de hacerlo es asegurarse de que tus meseros estén educados para describir los productos de forma más apetitosa. En lugar de limitarse a recitar los ingredientes, deben dedicar tiempo a explicar cómo se

prepara el plato y qué lo hace especial. También deben ser capaces de señalar cualquier sabor o textura únicos que los comensales no esperen. Si se toman el tiempo de describir la comida con más detalle, los restaurantes pueden crear una experiencia gastronómica más apetecible que dejará a los clientes con ganas de más.

¿Cuáles son los mejores maridajes en vinos, cervezas y bebidas?

¿En qué momento deben sugerir vino por copas o por botella?

¿Qué alternativas hay para vender entradas o acompañamientos?

Siempre deben acercarse a la mesa con la carta de postres abierta y sugiriendo un postre.

Para vender más a tus clientes, una de las formas más comunes de hacerlo es sugiriendo un postre después de la comida. Aunque pueda parecer algo insignificante, en realidad puede tener un gran impacto en la experiencia gastronómica general. Sugerir un postre demuestra que el camarero está atento y comprometido con la mesa, y da a los comensales la oportunidad de probar algo nuevo que de otro modo no habrían pedido. Por supuesto, no todos los postres serán del gusto de todos, pero sugerir un postre es una gran manera de crear una experiencia gastronómica más agradable y memorable para todos los participantes.

Sugerir en ese mismo momento, cafés e infusiones.

Ofrecer vinos dulces o licores para finalizar.

Como hacer un menú psicológico que aumente las ventas

Cuando la gente llega a tu restaurante y comienzan a ordenar es muy difícil que sepan calcular exactamente cuanto van a gastar.

Hay veces que la gente pide con los ojos cerrados algún postre en base a alguna recomendación.

Por lo tanto te daré algunas tácticas que ayudaran a aumentar la cuenta promedio en tu restaurante por medio del menú.

Trata de no acompañar los precios con el símbolo de dinero "$", este símbolo al ser utilizado en nuestro menú, aparenta un número mayor al cual realmente el precio es, si la cantidades se escriben en letras también gastaran menos.

$19 USD Hamburguesa

19 Hamburguesa

Ahora si no quieres o no puedes quitar el símbolo de dinero, hazlo más pequeño en proporción al numero, de esta manera también aparentara un precio menor.

$19

Dependiendo qué tipo de restaurante tengas puedes utilizar la técnica de los centavos 9,99 sin embargo debes de tener cuidado ya que si tus productos usan estos números, inconscientemente se asocian con productos de comida rápida.

Describir los platos de manera espléndida, en lugar de poner sólo el nombre: "Hamburguesa con aros de cebolla" usa algo así: "Hamburguesa de buey con frutos rojos, paté de hígado de cerdo ibérico, tomates maduros de huerta ecológica, rulos de queso de cabra con corteza enmohecida, aros de cebolla caramelizada y canónigos y rúcula fresca".

Esto es, una "hamburguesa completa", sí, pero mucho más atractiva y justificadamente más cara.

Es más, cuanto más se describan los productos que acompañan un plato, más dispuestos estaremos a pagar por él, de acuerdo con esta investigación de la Universidad de Illinois.

Poner en la carta platos muy caros, con unos precios que tripliquen los de la media de la carta, sirve como señuelo, pues invita a compararlos con el resto y tener la percepción de que estos son más baratos de lo que realmente son.

Aunque quizá nunca se sirvan estos "platos señuelo", se utilizan para que el comensal piense que el precio medio del resto de la carta es razonable.

Situar los platos más rentables en la parte superior de la página impar.

Los estudios sobre los patrones de lectura de una carta por parte de los comensales son muy numerosos. De acuerdo con ellos, los clientes suelen centrar tu atención en la parte superior derecha, por lo que los restaurantes acostumbran a situar en este espacio los platos mas rentables. Esto se explica por qué los comensales suelen recordar mejor los platos que están en esta posición, ya que les prestan más atención y tiempo de lectura.

Marketing dentro de tu restaurante

PRESENTACION DE PLATILLOS

Cuando la comida llega a la mesa, ¿cómo se ve? ¿Tienes algún proceso para presentar tu comida? ¿Le tomarías una foto y la compartirías en las redes sociales?

Si no puedes honestamente contestar estas preguntas, muy probablemente hay una área de oportunidad que tienes que revisar.

La manera más sencilla de saber si tus platillos se ven apetitosos es revisar si tus clientes están tomándole fotos a tus platillos y las están compartiendo en redes sociales.

Cualquiera que haya trabajado alguna vez en un restaurante sabe que una de las cosas más importantes es asegurarse de que la comida tenga un aspecto apetecible. Al fin y al cabo, los clientes no querrán comer algo si no tiene un aspecto apetecible. La forma más fácil de saber si tus platos están a la altura es comprobar si tus clientes les hacen fotos y las comparten en las redes sociales. Si lo hacen, ¡sabes que estás haciendo algo bien! Por otro lado, si ves que hay muchos platos vacíos que se devuelven a la cocina, tal vez debas revisar tú presentación. En cualquier caso, siempre es importante asegurarse de que la comida tiene un aspecto tan bueno como su sabor.

ATMOSFERA

Tu restaurante, ¿Se ve amigable por afuera? ¿Qué es lo que la gente puede esperar cuando entren? ¿Qué tan limpios estas los baños?

Ponte en los zapatos del cliente y entra a tu restaurante, ¿Que es lo que ves? ¿Todas las mesas son iguales? ¿Las sillas están acomodadas? ¿Cómo se ven tus platos?

SI tienes un restaurante temático, mira las paredes y checa que todo este coordinado.

Algo también de suma importancia por muchas razones es la iluminación, me ha tocado a ir a lugares donde todo es excelente pero tienen una iluminación pobre, lo cual puede crear varios problemas, sobre todo en el estado de ánimo de las personas, pero ademas no permite apreciar al cliente bien la comida por lo cual no le tomaran la foto a tu platillo.

No hay nada peor que un restaurante mal iluminado. No sólo hace que la comida tenga un aspecto poco apetecible, sino que también crea una sensación de tristeza y desesperación. Y seamos sinceros, nadie quiere hacer una foto de su comida en un entorno oscuro y lúgubre. Por eso es tan importante una buena iluminación en un restaurante. No sólo hace que la comida parezca más atractiva, sino que también establece el estado de ánimo y el ambiente del lugar. Tus clientes te lo agradecerán.

ILUMINACIÓN

(Una de las armas secreta para el éxito de tu restaurante)

La luz y el color son de los principales factores con los cuales se construye un espacio, la luz puede hacer sentir a una persona triste o feliz, puede hacer que cambie inclusive la percepción del tiempo mismo.

Cabe destacar que la tendencia es que tengas una buena iluminación debido a la mercadotecnia orgánica que pueden generar tus clientes al tomar fotografías y video de la comida.

Para seleccionar la iluminación correcta, hazte las siguientes 3 preguntas:

¿Qué tipo de clientes tengo? ¿Quienes serán tus comensales, ¿qué personalidad tienen? Define si es un lugar serio, divertido, ostentoso, etc.

Sin embargo algo que siempre funciona son lugares abiertos o con ventanales grandes, la mejor iluminación que puedes tener es la luz exterior, aparte de que ahorras bastante bastante dinero al final del mes.

También debes de saber que no todas luces deben ser iguales en todo el restaurante, no es recomendable tener la misma iluminación en tus mesas que en los baños, o en los baños que en la cocina, por eso es muy importante balancear los espacios con la iluminación.

Sin embargo entremos en temas psicológicos que me encantan, si tu restaurante es un "fine dining", te recomendamos utilizar luces amarillas, como las debajo, ¿por qué? Aparte de que le da un tono más lujoso, la gente suele comer más lento y por lo tanto pide más comida y más bebidas.

Para lugares de comida rápida, es mejor luz blanca o más alta, esto hace que la gente coma y se vaya del lugar, permitiendo una rotación alta de clientes, la próxima vez que vayas a un Mcdonalds mira tu iluminación.

Tener música ambiente, preferiblemente clásica según una investigación de la Universidad de Leicester, los restaurantes con música ambiente facturan más, siempre y cuando sepan elegir el estilo.

De hecho, los que más ganan son los que ponen música clásica, pues hace que el comensal se sienta más pudiente y con la obligación de hacer un gasto mayor, mientras que si se trata de música pop las ventas pueden llegar a disminuir hasta un 10%.

EXPERIENCIA

Estoy seguro que haz escuchado: "No puedes juzgar a un libro por tu portada". Déjame replantear esta frase: "No puedes juzgar a un libro por tu portada pero si puedes sí predecir unos cuantos capítulos".

La experiencia de tu cliente desde que entra por la puerta es muy importante, necesitas hacerlo sentir especial.

Agradécele por haber venido y siéntalo apropiadamente en tu mesa.

Una ves sentados, quien sea que esté asignado a esa mesa, que agradezca de nuevo por haber venido al restaurante.

Esto es muy importante. Es lo primero que se debe hacer inclusive si el mesero esta ocupado, el mesero agradece y comenta que en un momento tomara la orden de bebidas.

*Secreto: Cuando el mesero se acerque a tomar la orden, asegura que estos den recomendaciones de la comida, no solamente preguntar "¿qué les gustaría ordenar?"

Dando recomendaciones genuinas, ayudara a aumentar la experiencia del cliente por que el mesero ahora se convertirá en un asesor, eso ayudara a separar a tu restaurante de la competencia.

Cada vez que las bebidas, aperitivos o platillos principales lleguen a la mesa, asegúrate que los meseros pregunten sí necesitan algo más, esto es crucial.

*Secreto 2: Cuando sea hora del postre, no solo hagas que el mesero pregunte "¿Les gustaría ver el menú del postres?"

En lugar de eso, mejor que hablen de lo maravillosos que son los postres y lo mas importante que describan los postres con palabras como "cremoso, crujiente, glaseado, hecho en casa etc."

Aquí un ejemplo:

Mesero: "Tenemos pastel de chocolate" en lugar de eso podrían decir "Tenemos el mas increíble pastel de chocolate perfectamente horneado en casa con una textura crujiente y una crema cremosa de vainilla de verdad increíble"

¿Creo que así suena mejor verdad?

BONUS: Si tu mesero se puede aprender los nombre de cada uno de las personas en la mesa y llamarlas por tu nombre cuando llegue la comida a la mesa, eso haría una ENORME diferencia en la experiencia del cliente.

SABOR

Es el final y uno de los puntos más impotentes del rompecabezas por que vamos aceptarlo, los clientes entran a tu restaurante por que quieren probar tu comida.

Si logras resolver el acertijo tendrás el "de boca en boca" tan esperado, Tomarán fotos de tu comida, las compartirán en sus redes sociales y tal vez hasta por WhatsApp, si es que les fue muy bien, entonces lo comentaran con sus amigos y familia.

No hay nada más decepcionante que ir a un restaurante, ordenar algo del menú, llegue a la mesa, se vea increíble y el sabor se mediocre.

Ahora en día más y más clientes revisan Facebook y google reviews o sitios como TripAdvisor para ayudarlos a decidir qué restaurante decidirán visitar el día de hoy.

¿Haz revisado tus reviews últimamente?

Consejo: Los reviews con fotografía tienen el doble de impacto en el algoritmo, más que un simple review con palabras.

Una reseña con fotografía puede alcanzar bastantes personas, mira este ejemplo donde esta foto en 12 meses la vieron mas de 19,000 personas.

Hay algunos restaurantes que he ido y no regresaré jamás por qué la comida esta sobre condimentada. Sé que no soy el único.

Es mejor tener un menú pequeño y bien ejecutado que muchas opciones "ok".

¿Como encuentro estos platillos en mi menú que son perfectos?

Es simple. Esta en tus reseñas, como mencione en la parte de arriba, las reseñas nos dan un punto de referencia. Pero la manera ideal seria crear una encuesta digital VÍA Facebook Messenger (Mi empresa te puede ayudar en esto).

Dales a tus clientes algún incentivo para que completen la encuesta y obtengas mejores resultados, puede ser algún postre o una tarjeta de regalo. La clave es no tomar las cosas de manera personal, si pides ayuda, acepta en recibirla.

Finalmente estar "Certificado" y tener todo lo que revisamos anteriormente es básicamente estar comprometido con tus clientes, tu equipo, tu restaurante y más que nada contigo mismo.

Créeme tus clientes notan la diferencia.

La táctica del menú de temporada

"Los menús de temporada incrementaran el cheque promedio hasta en 1.5x."

Un buen día al ir a desayunar en diciembre en un nuevo restaurante, note que tenían en la mesa el menú debajo.

Lo que se me hizo más interesante es de que solamente tenían el menú de especiales de Navidad el otro menú no estaba en la mesa.

Después de eso mi pareja y yo pedimos el menú tradicional y noté que el menú navideño era 1.5 veces más caro que el menú tradicional.

Esto tiene dos funciones principalmente una de las funciones es atraer de nuevo al cliente para que descubra el menú de temporada y otra de las funciones es incrementar el cheque promedio, debido a que el menú de temporada es especial puedes incrementar los costos y el cliente no respingara al respecto.

Esto pareciera un poco complicado ya que podrías pensar que vas a necesitar diferentes insumos a los que ofreces para poder realizar este menú de temporada, sin embargo podrías usar en la misma comida que ya usas en tu menú actual con un elemento sorpresa que vaya acorde a la temporada que deseas ofrecer en ese menú.

Por ejemplo en ellos tenían una torta de pavo muy buena por cierto.

Atrévete a experimentar y darle ese toque extra, ese efecto sorpresa a tus clientes para traerlos de nuevo una y otra vez dependiendo de la temporada para que descubran tú más o menú .

4

CASOS DE EXITO

"NO HAY REINVENTAR LA RUEDA, LA FORMULA ESTA LISTA"

STARBUCKS

Que te guste o no el café de Starbucks es irrelevante. La empresa tiene un éxito inmenso, con más de 21.000 sucursales en todo el mundo y una media de 3 nuevas sucursales abiertas cada día. Hay innumerables razones para tu éxito, pero una de las más importantes es tu enfoque en el servicio al cliente. Los empleados de Starbucks son siempre amables y complacientes, dispuestos a ir más allá para asegurarse de que cada cliente tenga una experiencia positiva. Este compromiso con un excelente servicio al cliente ha ayudado a Starbucks a crear un grupo de clientes fieles que siguen viniendo, independientemente del precio. En un mercado tan competitivo como el actual, es una hazaña que merece la pena celebrar.

Si alguna vez has ido a un Starbucks, sabrás que la experiencia va mucho más allá de comprar una taza de café. Desde el momento en que entras, te envuelve el tentador aroma del café recién hecho y los productos horneados. Los colores cálidos y el cómodo mobiliario crean una sensación de relajación, y el atento personal te hace sentir como un huésped bienvenido. Todos estos elementos se unen para crear un ambiente acogedor que se siente como en casa. Esto no es casualidad: forma parte de la estrategia de marca cuidadosamente diseñada por Starbucks. Al crear un entorno cálido y acogedor, Starbucks anima a los clientes a quedarse y relajarse, fomentando un sentimiento de comunidad entre los visitantes habituales. En el acelerado mundo actual, este sentido de comunidad es más importante que nunca, y es una de las cosas que diferencia a Starbucks de sus competidores.Esta no se logra de la noche a la mañana para el 2023 cumplirá 50 años desde que abrieron la primera tienda.

Está claro que el director general de esta empresa entiende la importancia de que los empleados estén contentos para crear un negocio de éxito. Al asegurarse de que sus empleados están bien atendidos y se superan sus expectativas, crea un entorno de trabajo en el que todos están motivados para dar lo mejor de sí mismos. Esto, a tu vez, conduce a un mejor servicio al cliente y a mayores ventas. Es un simple caso de causa y efecto, y es una de las muchas razones por las que esta empresa ha tenido tanto éxito. Crear una cultura de equipo positiva es esencial para cualquier empresa que quiera prosperar, y esta empresa ha dominado claramente ese arte.La mayoría de los restaurantes en los que he trabajado los dueños o gerentes se enfocan en 2 cosas, el restaurante y el cliente, olvidando por completo el empleado, que es una de las claves del éxito de Starbucks.

Los empleados son el pegamento esencial entre el restaurante y el cliente.

Tus empleados son la cara de tu marca, la gente que entra a tu restaurante tal vez no se acuerde de los cuadros en tu restaurante o los colores de las paredes, pero estoy seguro que todos recuerdan el servicio que recibieron.

La empresa motiva a los directivos para que tomen decisiones eficientes para la empresa, lo que les permite crecer rápidamente. Tienen eventos anuales en los que se reúnen con sus empleados y hablan de los nuevos productos, los objetivos y el futuro. Esto ayuda a mantener a todos motivados y en la misma misión. Como resultado, la empresa es capaz de crecer rápida y eficazmente.El éxito de la compañía esta directamente ligada a la felicidad y al éxito de sus trabajadores.

Cuando vas a un Starbucks, los trabajadores nunca te pedirán que te retires aunque ya no estes consumiendo nada.

La marca se ha enfocado en motivar al cliente a que comparta historias divertidas, anécdotas o ideas creativas para mejorar, todo esto en línea.

Inclusive hay tutoriales en YouTube de cómo ser contratado y por qué deberías de aplicar en Starbucks por personas comunes y corrientes.

Link: https://youtu.be/NZ6AE4qsdNE

Todo esto basado en tu misión: "To inspire and nurture the human spirit-one person, one cup and one neighborhood at a time".

Inspirar y nutrir el espíritu humano, una taza y una colonia a la vez.

Esta misión se encuentra instalada en la sangre de cada uno de los socios y/o equipo de Starbucks.

Estos son algunos de los beneficios de trabajar en Starbucks:

- Trabajas solo 20 horas a la semana y recibe seguro medico.

- Todos los años al principio de cada año te dan un pedazo de stock de la compañía.

- Vacaciones pagadas y cuando estas enfermo basado en las horas que trabajas.

- 30% de descuento en todos los productos y en algunas épocas del año hasta un 50% de descuento.

- 3 bebidas GRATIS diarias por día, una antes, una en medio y una al final de tu jornada.

- 1 comida diaria GRATIS

- Puedes aplicar para un plan de retiro para que mensualmente un % de tu sueldo se vaya a un fondo de inversión en acciones.

- El crecimiento dentro de la compañía es rápido.

- Una vez contratado es fácil moverte de una locación a otra.

Algunos otros datos curiosos:

Starbucks ha abierto en promedio 2 tiendas todos los días desde 1987.

La gente no dice, "voy por un café", la gente dice "voy por un Starbucks".

Uno de los secretos es la mentalidad de construir o diseñar un 3er lugar entre la casa y el trabajo, de esa manera esta diseña el alma de la empresa.

Como podrán ver Starbucks no solo ha diseñado un negocio si no una cultura.

Starbucks: Ganancias, Lealtad y Bases de datos.

Starbucks es una de las cadenas de café más populares del mundo, y tu programa de fidelización es una parte importante de ese éxito. El programa ofrece recompensas a los clientes que visitan con frecuencia las tiendas Starbucks, y esas recompensas pueden utilizarse para obtener bebidas, comida y productos gratuitos. El programa también proporciona a Starbucks datos sobre sus clientes, que la empresa utiliza para mejorar sus esfuerzos de marketing. Por ejemplo, Starbucks puede utilizar los datos para personalizar los mensajes de marketing y dirigirse a los clientes con ofertas específicas. Como resultado, el programa de fidelización gene

El programa de lealtad de Starbucks ha alcanzado 16 millones de usuarios activos, creciendo tu base de datos un 11 % cada 4 meses.
Starbucks atribuye el 40% de sus ventas a travez de tu programa de recompensas lo que ha hecho que cada tienda crezca 7% mensualmente.

Starbucks claramente ha reinventado la relación con sus clientes e incrementando valor invirtiendo en esta tecnología.

De acuerdo con el CFO Patrick Grismer, " Nosotros sabemos por nuestra experiencia que cuando un cliente se une a nuestro programa de recompensas, tu gasto en Starbucks incrementa significativamente".

Aparte de incrementar las ganancias por medio del programa, el verdadero valor del programa de lealtad reside en los datos que se recolectan de los usuarios.

Starbucks continua centrándose en la experiencia del cliente como principal columna vertebral innovando en cómo lleva la relación con sus clientes. La idea de adaptarse y seguir invirtiendo en tu programa de lealtad crea y captura bastante valor como para la compañía como para sus clientes.

Conforme Starbucks tiene acceso a más datos de sus clientes, continua con la habilidad de crear mas valor con la relación con tu cliente, y esto hace que tu posicionamiento en tu futuro sea ganar.

KFC

En los años 30, las cosas no iban bien económicamente. La gente optó por comprar y comer pollo porque era más barato que la carne de vacuno. Así empezó la cadena de restaurantes Kentucky Fried Chicken (KFC). El propietario de una gasolinera en una zona de Kentucky reconoció el potencial de esta tradición sureña y empezó a vender pollo frito a la gente que pasaba por allí. Pronto se dedicó a vender sólo pollo frito, y KFC lo ha hecho desde entonces. Hoy, KFC es uno de los restaurantes más populares del mundo, y tu plato estrella sigue siendo el pollo frito crujiente. Gracias a la visión de aquel propietario de gasolinera, Kentucky Fried Chicken se ha convertido en un fenómeno mundial. Y todo empezó con el simple deseo de ofrecer una comida asequible y deliciosa para todos.

Cuando se trata de comida, la comodidad es la clave. Nadie quiere esperar para comer, especialmente si tiene hambre. Por eso el concepto de comida rápida se ha hecho tan popular. Sin embargo, en los primeros tiempos de la comida rápida había algunos problemas de calidad. Para acelerar el proceso de cocción, muchos restaurantes cocinaban la comida en una sartén. A menudo, el resultado era un pollo seco y demasiado cocido. Sin embargo, un hombre vio una oportunidad en este problema. Se dio cuenta de que si podía encontrar una forma de cocinar el pollo en una sartén sin sacrificar la calidad, podría ganar mucho dinero. Así que se puso a trabajar para crear lo que hoy conocemos como pollo asado. Sus clientes eran viajeros que llegaban a la estación y no tenían tiempo para esperar, así que tu pollo tenía que ser a la vez delicioso y rápido. Por suerte, tuvo éxito y tu pollo se convirtió en un gran éxito. A día de hoy, el pollo asado es uno de los productos más populares en los menús de comida rápida. Y todo empezó con una simple constatación: cuando se trata de comida, la comodidad es el rey.

La clave era la comodidad y la consistencia, Sanders debía encontrar la forma de adaptarse y, cuando lo hiciera, sería una empresa de 26.000 millones de dólares. En ese momento llegó un nuevo invento llamado "olla a presión" y, tras varios experimentos, encontró la fórmula ideal con la cantidad perfecta de especias, pollo y contenido de aceite, lo que hizo que el tiempo de cocción fuera de sólo 9 minutos. La olla a presión le permitía cocinar el pollo más rápido y a mayor temperatura, lo que daba como resultado un pollo más jugoso y sabroso. Entonces comercializó tu pollo como "para chuparse los dedos" y "la otra carne blanca" Hoy en día, KFC es la segunda cadena de restaurantes más grande del mundo, con más de 22.000 locales en más de 145 países. En 2015, KFC tuvo unas ventas de 23.000 millones de dólares. Aunque Sanders ya no está vivo, tu legado continúa a través de KFC. La empresa ha sabido adaptarse a los cambios de gustos y tendencias a lo largo de los años y sigue siendo una de las cadenas de restaurantes más populares del mundo. Gracias a la visión y creatividad de Sanders, KFC es hoy un negocio multimillonario. Además de que hacia que el pollo fuera crujiente por fuera pero suave por dentro.

Entonces el pollo jamás fue él mismo, encontró la manera de innovar en el sabor y en el tiempo de entrega, la innovación fue la palanca perfecta para cerrar el eslabón el éxito.

Al principio solo cocinaba con sal y pimienta, pero un día recibió un pedido de 500 ordenes de pollo por lo que decidió meter todo tipo de especies para que la receta alcanzara para el pedido tan grande.

El resultado lo conocemos hoy como la "receta secreta" la cual contiene 11 especies y sabores.

La forma que abrió nuevas franquicias es conmovedora y es donde entran las palabras "Determinación y persistencia".

Un día, metió en el maletero de tu coche ollas a presión y bolsas con tu receta secreta. Si encontraba un restaurante con una buena ubicación, preguntaba al dueño si podía cocinar tu pollo para sus empleados. Si quedaban impresionados, se ofrecía a quedarse más días y cocinar para el restaurante, con la esperanza de que hubiera una oportunidad de abrir otra franquicia dentro de tu restaurante. Esta estrategia funcionó, y en pocos años había construido una exitosa cadena de restaurantes. Hoy, gracias a tu perseverancia y espíritu emprendedor, es millonario.

A pesar de tu falta de ingresos, Sanders gastó sus ahorros en 3.500 folletos impresos para anunciar tu franquicia. Desgraciadamente, sólo 2 ó 3 personas se interesaron por adquirir franquicias a través de sus panfletos. La ayuda del gobierno era tu única fuente de ingresos, por lo que le resultaba difícil llegar a fin de mes. Sin embargo, persistió en intentar vender sus franquicias, a pesar de que la mayoría de la gente no estaba interesada. Tú perseverancia acabó dando sus frutos y pudo alcanzar el éxito. Aunque al principio fue difícil, el trabajo duro y la dedicación de Sanders le ayudaron a conseguir sus objetivos.

Después de varios años para 1963 había más de 600 franquicias en todo Estados Unidos y Canada.

En 1964 cuando tenia 73 años vendió tu marca por 15 Millones de dólares, el empezó realmente con tu negocio cuando tenia 66 años. (Nunca es tarde para empezar).

DOMINOS PIZZA

Todo empezó con una pequeña pizzería en Michigan. Cuando Tom Monagham recibió un préstamo de 900 dólares en 1960, no tenía ni idea de qué un día se convertiría en el fundador de un imperio mundial. Sin embargo, eso es exactamente lo que ocurrió. Monagham utilizó el préstamo para abrir tu primera pizzería, que rápidamente se hizo popular por sus deliciosos sándwiches. En poco tiempo, amplió tu negocio a varios locales en la zona de Michigan. No pasó mucho tiempo antes de que la gente pidiera sus pizzas desde todo el país. En respuesta, Monagham empezó a vender franquicias de su restaurante y hoy existen más de 14.500 locales de Dominos Pizza en todo el mundo. Gracias al trabajo y la dedicación de Monagham, Dominos pizza se ha convertido en una de las cadenas de pizzas más populares del mundo.

La idea inicio con vender pizzas a los estudiantes en las cercanías de la universidad de Michigan. La idea no funcionaria tan bien por múltiples razones en tu primer restaurante, el lugar era muy pequeño y no cabían bastantes personas.

El futuro de este restaurante cambió por 2 decisiones muy importantes que marcarían tu marca para siempre.

Un fatídico día, la mitad del personal de una pizzería no se presentó a tu turno. Ante la escasez de empleados, el restaurante se vio obligado a reducir tu menú a sólo dos tipos de pizza. Sorprendentemente, este día resultó ser el más rentable de la historia del restaurante. Animado por este éxito, el restaurante decidió reducir tu menú al máximo, dedicándose únicamente a la venta de pizzas. Esta audaz decisión dio sus frutos, y el restaurante pronto se hizo conocido por sus deliciosas y asequibles pizzas. Hoy es uno de los restaurantes más populares de la ciudad. Gracias a tu sencillo menú, el restaurante fue es capaz de servir pizzas frescas y calientes de forma rápida y eficaz, para deleite de sus numerosos clientes.La segunda decisión fue establece el reparto a domicilio gratuito y esta decisión fue tomada debido a que el restaurante era muy pequeño y no podían pagar por un lugar mas grande por lo que la única forma de atender más gente serian los envíos a domicilio.

La entrega a domicilio no era popular, ya que nadie entregaba comida caliente a tu puerta, por lo tanto esto se convirtió en uno de los grandes diferenciadores de la marca.

Tom convierte tu carro en tu primer repartidor.

Estas decisiones cambiarían por siempre el rumbo del restaurante.

BURGER KING VS MCDONALDS

Burger King fue el primer restaurante que hizo un anuncio de vídeo en televisión para una hamburguesa. Burger King fue muy agresivo en tu marketing, ya que fue el primero en llamar a sus competidores por tu nombre en sus anuncios. El éxito de Burger King con esta nueva estrategia de marketing hizo que otros restaurantes siguieran tu ejemplo, y pronto Burger King fue conocido por sus deliciosas hamburguesas en todo el país. En la actualidad, Burger King sigue siendo una de las cadenas de comida rápida más populares de Estados Unidos, y tu emblemático sándwich Whopper es reconocido en todo el mundo. Gracias a tu uso pionero de la publicidad televisiva, Burger King contribuyó a cambiar el panorama de la publicidad de la comida rápida para siempre.

La Whopper de Burger King ha sido uno de los sándwiches más populares desde que se introdujo en 1957. El sándwich es una hamburguesa de carne de vacuno a la parrilla con lechuga, tomate, pepinillos, cebolla y ketchup en un bollo de sésamo tostado. En 1963, el fundador de McDonald's, Ray Croc, vio un anuncio de Burger King y decidió contraatacar. Creó el Big Mac, una hamburguesa de dos patatas con "salsa especial" en un pan de tres partes. La Whopper sorprendió por tu tamaño en comparación con las hamburguesas de McDonalds y a la gente le encantó el sabor a llama. La cuota de mercado de Burger King creció del 4% al 10%. En la actualidad, Burger King es la segunda cadena de comida rápida del mundo, con más de 15.000 locales en más de 100 países. El Whopper de Burger King sigue siendo un éxito de ventas y es uno de los sándwiches más emblemáticos de todos los tiempos.

Al crear un producto emblemático "La Whopper", Burger King rebaso en en ventas a McDonalds, por lo que McDonalds se vio obligado a contraatacar creando uno también...

Cuando se trata de expansión de un restaurante no se trata de ganancias, se trata de donde la gente pide tu comida.

En 1967, un pequeño pueblo de Pensilvania vio la llegada de un nuevo restaurante de comida rápida que pronto arrasaría en todo el mundo. El Big Mac, creado por el secretario de 21 años Ray Croc, fue un éxito instantáneo por tu delicioso sabor y tu innovador diseño de dos empanadas. Aunque al principio sólo estaba disponible en un local, el Big Mac se extendió rápidamente a otras franquicias y se convirtió en una sensación mundial. En la actualidad, es uno de los productos más populares del menú de McDonald's, que disfrutan millones de personas en todo el mundo. Gracias a la ingeniosa idea de Ray Croc, el Big Mac se ha convertido en un icono cultural perdurable.

La publicidad de la BigMac ha sido registrada como una de las mas grandes de la historia.

En un año la BigMac represento el 19% de las ventas de McDonalds alcanzando 400 Millones, un ataque sin precedentes al dominio del Whopper.

El problema fue que Burger King antes de que McDonalds sacara tu Whopper, este recibió inversion de otros socios y estos socios no estaban interesados en competir con McDonalds lo que hizo que tuviera las manos atadas.

Esto hizo que McDonalds triplico tu etapa de expansión lo que dejo a Burger King lo hiciera polvo.

Hoy en día McDonalds tiene más de 40,000 restaurantes en todo el mundo mientras Burger King solo 20,000.

BOLAS DE ARROZ

Para mucha gente no son tan conocidas las bolas de arroz, si no las conocías en la parte de abajo de las presento, este caso de éxito merece presentarlo por que ha sido nuestro más reciente proyecto, por cuestiones de privacidad no podré compartir el nombre de este restaurante sin embargo te puedo decir los resultados y te explico como los conseguimos.

Tiempo: 3 meses

Bases de datos recolectadas: 23,000

Visitas extras generadas: 7,000

Ventas: 52,000 USD

Retorno de inversión (ROI): 2,400%

Locaciones: 4

Tal vez para algunos restaurantes 52,000 USD no pareciera la gran cosa, o tal vez 7,000 visitas nuevas, pero el numero más importante del juego se llama retorno de inversión (ROI), saber y medir este numero constantemente puede elevar tu restaurante a niveles extraordinarios.

Te dejo una entrevista que me hicieron para este caso de éxito de este restaurante con uno de nuestras plataformas asociadas aquí: caso de estudio.

Por que y como obtuvimos estos resultados

En primer lugar hay que ver todos los factores de este restaurante para entender que cada uno de estos influye directamente.

Este restaurante tenia 15 años en el mercado, 4 sucursales, el tipo de comida se puede considerar fast casual food, que es una combinación de comida rápida pero utiliza ingredientes frescos.

Su menú solo son bolas de arroz (6 tipos dependiendo los ingredientes), aros de cebolla y bebidas, el hecho de que su menú se conservara tan pequeño es una gran ventaja en cualquier restaurante.

En cuestión de ubicaciones, se encontraban en distintos puntos de la ciudad lo que permitía que hubiera una sucursal a máximo 20 minutos desde cualquier punto de la ciudad. El costo promedio por ticket 8 USD.

Sus establecimientos eran pequeños, de máximo 9-10 mesas, sin embargo note que mucha gente pedia y pasaba a recoger su propia comida.

En cuestión digital, muy buenas fotografías de comida, pero más que nada bastantes publicaciones tipo meme los cuales generaban un altísima interacción con sus usuarios. Publicaban todos los días en Facebook, Instagram. Tenían a una persona especialmente enfocada a contestar al cliente de forma digital, mensajes por Facebook, mensajes por Instagram, comentarios en la plataformas y una persona encargada 100% en generar contenido en redes sociales.

Lo que hicimos fue crear un programa de recompensas interno, el cual contaba con 4 recompensas en secuencia, eso quería decir que te dábamos 1 articulo al 2x1, alguna bebida o algún postre gratis en la compra cada vez que no visitaran.

Ademas generamos 1 recompensa específicamente para cumpleañeros, la cual promocionábamos todos los días por medio de anuncios segmentados a los cumpleañeros del mes.

También generamos un código QR qué estaba puesto en las mesas para que la gente se subscribiera al programa en el restaurante y por ultimo una calcomanía con otro código QR para poder subscribir a la gente que pedía en servicio de Delivery.

Correos electrónicos automáticos por medio de nuestro software a todos los subscriptores haciendo que él restaurante siempre estuviera en la mente de nuestros clientes. Cuando pensaban en comer lo único que venia a la mente de los clientes era el restaurante.

El crecimiento fue exponencial debido a todas estas actividades en conjunto, Imagina que tienes una caja (sistema) donde sabes que lo que metas en esta caja te sacara 24 veces lo que metes, bueno así es como funciono en este restaurante y sigue funcionando, recientemente abrieron 2 sucursales nuevas.

En cada restaurante que hemos integrado este sistema ha funcionado de la misma manera, por que como veras nos hemos encargado de realizar un sistema con múltiples actividades, lo que hace que los resultados se den.

Conclusiones

No cabe duda de que el mundo cambia constantemente. Y eso no es necesariamente malo. Al fin y al cabo, el cambio es lo que nos impide acomodarnos y ser complacientes. Nos obliga a adaptarnos y a estar siempre atentos a nuevas oportunidades. Pero también puede ser un poco difícil mantenerse al día con los cambios interminables. Por eso es importante ir siempre varios pasos por delante. Por ejemplo, si te dedicas a el área restaurantera, tienes que innovar constantemente para mantenerte por delante de la competencia. Mantenga su menú fresco, pruebe nuevas estrategias de marketing y esté siempre atento a las nuevas tendencias. Así podrá sobrevivir -y prosperar- en un mundo en constante cambio.

Pero para poder adaptarnos necesitamos aprender cómo hacerlo y no escatimar en saber que es lo que buscan nuestros clientes, desde lo mas básico en el comportamiento humano.

Espero y este libro te haya dado esta ventaja competitiva que tanto estabas buscando, pero el éxito ahora depende en la ejecución.

Para asesoría en tu restaurante no te olvides de agendar una cita con nosotros a travez de nuestro portal web: www.astralrestaurants.com

Sobre el autor

David González, emprendedor y empresario, experto en marketing y ventas para restaurantes.

Más de una década en el estudio y aplicación hacer que los restaurantes generen más ventas, David se dedico a desarrollar un software dedicado a generar ventas y no"me gustas" a los restaurantes.

Ingeniero en programación pero apasionado al marketing decidió fusionar herramientas de ingeniería a la disposición del marketing para restaurantes.

Actualmente David CEO de Astral Restaurant Systems trabajan con cientos de restaurantes en USA, Mexico y otros países.

Párrafo de conclusión: La ventaja competitiva que tienes ahora puede ser la diferencia entre el éxito y el fracaso. Recuerde que no se trata de lo que sabe, sino de lo que hace con ese conocimiento. Programe una reunión con nosotros para hablar de cómo podemos ayudarle a convertir su libro en resultados prácticos. Esperamos tener noticias tuyas pronto

Espero de corazón puedas alcanzar tus metas y sueños a tu manera, ya que de eso se trata la vida.

David G.